Eleições no Brasil

Nova Biblioteca de Ciências Sociais
diretor: Celso Castro

Teoria das elites
Cristina Buarque de Hollanda

A política nos quartéis
Maud Chirio

Cultura e personalidade
Margaret Mead, Ruth Benedict e Edward Sapir

Eleições no Brasil
Jairo Nicolau

Teoria social
William Outhwaite

Jango e o golpe de 1964 na caricatura
Rodrigo Patto Sá Motta

Questões fundamentais da sociologia
Georg Simmel

O mundo pós-ocidental
Oliver Stuenkel

Sobre o artesanato intelectual e outros ensaios
C. Wright Mills

Jairo Nicolau

Eleições no Brasil

Do Império aos dias atuais

ZAHAR

Grafia atualizada segundo o Acordo Ortográfico da Língua Portuguesa de 1990, que entrou em vigor no Brasil em 2009.

Capa
Jussara Fino

Foto da capa
© Monica Maia/Agência Estado

Revisão
Eduardo Monteiro
Eduardo Farias

CIP-Brasil. Catalogação na fonte
Sindicato Nacional dos Editores de Livros, RJ

N548e Nicolau, Jairo Marconi, 1964-
Eleições no Brasil: do Império aos dias atuais / Jairo Nicolau. — 1ª ed. — Rio de Janeiro: Zahar, 2012.
(Nova Biblioteca de Ciências Sociais)

Inclui bibliografia
ISBN 978-85-378-0884-9

1. Ciências sociais — Brasil. 2. Cultura política — Brasil — História. 3. Cidadania — Brasil — História. 4. Voto — Brasil — História. 5. Eleições - Brasil — História. I. Título. II. Série.

12-3714 CDD: 324.981
CDU: 324(81)

EDITORA SCHWARCZ S.A.
Praça Floriano, 19, sala 3001 — Cinelândia
20031-050 — Rio de Janeiro — RJ
Telefone: (21) 3993-7510
www.companhiadasletras.com.br
www.blogdacompanhia.com.br
facebook.com/editorazahar
instagram.com/editorazahar
twitter.com/editorazahar

Sumário

Introdução

As instituições eleitorais em vigor no Brasil – país que possui o quarto maior eleitorado do planeta, perdendo apenas para Índia, Estados Unidos e Indonésia – são um caso de sucesso. Os eleitores escolhem seus representantes para os principais postos de poder (presidente, governador, senador, deputado federal, deputado estadual, prefeito e vereador) e as fraudes eleitorais foram praticamente eliminadas. Apesar do tamanho do território, o processo eletrônico de voto e apuração permite que os resultados sejam proclamados poucas horas após o encerramento da votação. Além disso, as eleições são competitivas, com uma enorme oferta de candidatos e partidos (em torno de trinta legendas por eleição). O sufrágio é universal – pois já não existem restrições significativas que impeçam qualquer cidadão com pelo menos dezesseis anos de ser eleitor – e quatro em cada cinco adultos compareceram às últimas eleições para votar. Sabemos muito pouco, no entanto, como as eleições eram realizadas em outros períodos da história do país. Este livro pretende apresentar um pouco dessa história, que revela que o Brasil tem uma das mais duradouras experiências com eleições no mundo, iniciadas há 190 anos.

Anos atrás, publiquei um livro (*História do voto no Brasil*, 2002) por esta editora com o mesmo objetivo. Desde então, uma série de trabalhos (artigos, teses e livros) sobre eleições brasileiras foram publicados e novas fontes primárias foram disponibilizadas. Aos poucos percebi, então, que era hora de voltar a escrever sobre o tema. Agora em um trabalho mais detalhado, com maior uso de fontes primárias e referências a essas novas pesquisas, sem, no entanto, me afastar da concisão. Espero ter conseguido com o presente volume.

Alguns historiadores gostam de definir uma data precisa para marcar a origem de uma determinada organização ou instituição. O uso desse artifício para a história das eleições é um desafio e tanto. Podemos dizer que as eleições começaram na Antiguidade, pois existem registros bem-documentados de sua prática já nas cidades-Estados gregas, no século V a.C., e na Roma clássica. Para outros, as modernas eleições originaram-se nas ordens religiosas medievais, que utilizavam sofisticados sistemas eleitorais para a escolha de seus dirigentes. Ou, quem sabe, possamos buscar a origem das eleições modernas na criação do Parlamento inglês no século XIII?[1]

Talvez menos controverso seja acompanhar as transformações institucionais que aconteceram ao longo do século XIX em determinados países europeus e algumas ex-colônias, que modificaram a forma como as eleições eram realizadas até então. Entre essas mudanças, destacam-se: a criação de um calendário regular de eleições para postos importantes do governo; a ampliação do direito de voto, com a queda das barreiras de renda e escolaridade (o direito de voto para as mulheres seria amplamente adotado somente no século seguinte); a mudança no processo de administração do pleito, com a adoção do voto secreto, o alistamento prévio de eleitores e o combate às fraudes; a entrada em vigor da representação proporcional, que permitiu a grupos minoritários serem representados no Legislativo; e o reconhecimento dos partidos políticos como unidades fundamentais da administração governamental.

No Brasil, desde a Independência os legisladores reconhecem as eleições como uma peça fundamental da organização política. A primeira Constituição, promulgada em 1824, já previa eleições regulares para as duas Casas de representação nacional (Senado e Câmara dos Deputados) e estabelecia as normas que definiam o direito de voto. Práticas que se repetiram em todas as Constituições seguintes – com exceção da Carta de 1937, que inaugurou o único regime político no país que suspendeu completamente as eleições.

Portanto, as eleições no Brasil antecedem o amplo processo de democratização das instituições que transformou profundamente a política de alguns países a partir do século XIX. Mas a forma como elas foram encaminhadas por aqui sofreu uma inevitável influência desse ambiente de democratização presente em outras nações, uma vez que os legisladores brasileiros defrontavam-se com questões semelhantes: que cargos devem ser ocupados por intermédio das eleições? Os analfabetos devem ter direito a voto? Qual a melhor maneira de alistar os eleitores? Qual a melhor opção: permitir que o cidadão assuma a sua escolha (voto aberto) ou manter em segredo essa decisão (voto secreto)? As mulheres devem votar? Que sistema eleitoral garante que as minorias políticas sejam mais bem representadas?

O propósito deste livro é mostrar como essas perguntas foram respondidas pelos responsáveis por organizar o sistema político brasileiro, oferecendo um panorama da rica história eleitoral do Brasil. Sempre que possível, procurei situar a experiência brasileira em relação ao quadro mais amplo de democratização das instituições vivenciado por outros países.

OBRAS SOBRE ELEIÇÕES quase sempre tratam de dois assuntos. Algumas se preocupam em descrever as campanhas eleitorais com ênfase nas estratégias, alianças e em eventos que conduziram alguns candidatos à vitória e outros à derrota. Outras buscam entender o comportamento dos eleitores: que fatores influenciaram na decisão por determinado partido ou candidato? Por que os eleitores não foram votar? Já este volume não aborda campanhas nem comportamento eleitoral. Seu objetivo é apresentar o quadro mais geral que precede a entrada dos atores (eleitores e candidatos) na cena eleitoral: quem pode ser eleitor, quantos realmente se cadastraram para votar, qual o processo de votação utilizado, que sistema eleitoral foi empregado, que mecanismos foram adotados para eliminar as fraudes e outras práticas de adulteração da vontade do eleitor.

Eleições no Brasil se divide em seis capítulos, que cobrem determinadas fases da história política brasileira: Império (1824-89); Primeira República (1889-1930); anos 1930 e Estado Novo (1930-45); da democratização ao golpe de 1964 (1945-64); regime militar (1964-85); democracia pós-1985 (1985-2010). Cada capítulo se subdivide em cinco seções com os mesmos títulos. Apesar de os temas tratados nas seções terem conexão entre si, achei que a segmentação facilitaria a leitura.

A primeira seção traz um quadro geral das eleições em relação ao sistema político mais amplo. A segunda apresenta as regras que definiam quais cidadãos teriam o direito de voto e quais estariam excluídos. A terceira seção trata do alistamento e da estatística eleitoral, pois tão importante quanto conhecer a definição de cidadania política é saber como os eleitores eram efetivamente registrados para votar e quantos se alistavam. A quarta aborda os diversos sistemas eleitorais utilizados nas eleições para os cargos em disputa – os utilizados nas eleições para a Câmara dos Deputados recebem destaque, por conta da sua importância na história eleitoral brasileira. A quinta seção mostra como se dava o processo de votação propriamente dito, com ênfase em três aspectos: a manifestação do voto (cédula), o sigilo do voto e as fraudes eleitorais.

Minha pesquisa baseou-se em diversos tipos de fontes, com ênfase em três: legislação eleitoral; estatísticas oficiais com os resultados das eleições; e avaliações sobre o sistema representativo realizadas pelos atores de cada período. Usei inúmeras fontes secundárias, particularmente trabalhos de cientistas políticos e de historiadores que estudaram a história das eleições brasileiras e de autores estrangeiros que fizeram estudos semelhantes em outros países.

A legislação eleitoral brasileira é volumosa e detalhista. Um levantamento do começo dos anos 1990 compilou centenas de decretos, leis, textos constitucionais (sem contar a extensa legislação emitida pelo TSE).[2] Minha desconfiança é que nenhum outro país tenha uma legislação eleitoral tão ampla. Não é tarefa das mais simples navegar nesse cipoal. Muitas vezes descobri mudanças decisivas na forma de realizar as eleições em trechos inesperados. Obviamente, em um livro como este é impossível não recorrer com frequência à legislação. Tentei, porém, não sobrecarregar o leitor com detalhes particulares, como as datas em que a legislação foi promulgada e os números das leis, deixando essas informações para as notas apresentadas no fim do livro.

Infelizmente, a estatística eleitoral brasileira não é tão pródiga quanto a legislação sobre o tema. Para os mais de cem anos de eleições que englobam o Império e a Primeira República, praticamente não existem dados organizados e confiáveis em âmbito nacional. As causas devem ser buscadas na descentralização do processo de votação e de apuração e na ausência de um órgão nacional responsável por coletar e sistematizar esses dados.

Somente na República de 1946 o TSE passou a coletar (e publicar) os dados eleitorais com regularidade. Esse material pode ser encontrado nos antológicos volumes intitulados *Dados estatísticos do Brasil* e publicados ao longo dos anos 1950 e 1960. A estatística das eleições realizadas durante o regime militar é bem organizada, o que não é o caso das eleições realizadas entre o fim dos anos 1980 e o começo dos anos 1990, antes da informatização nacional dos resultados. O uso que faço dos dados eleitorais é basicamente circunscrito a duas questões: quantos eleitores efetivamente se alistaram? Qual o percentual do eleitorado sobre a população total (ou a população adulta)?

Procurei, ainda, compilar as avaliações feitas pelos atores de cada período tendo em mente duas perguntas: como políticos, juristas e publicistas avaliavam as eleições? Que justificativas eles apresentaram para as reformas eleitorais? Esse foi um dos mecanismos que encontrei para reduzir a inevitável falácia do anacronismo (tendência a avaliar o comportamento e as instituições com valores contemporâneos).[3]

Preocupei-me em fundamentar com bibliografia e fontes boa parte das informações e argumentos aqui desenvolvidos. Todas as citações reproduzidas foram extraídas de depoimentos, avaliações e livros de atores que participaram da vida política de cada período. Optei por deixar nas notas as referências à literatura escrita pelos estudiosos contemporâneos, particularmente, a produzida por historiadores e cientistas políticos. Em que pese esse cuidado, meu objetivo não foi, contudo, escrever apenas para especialistas. Creio que o livro possa ser lido também por jornalistas, estudantes, políticos e todos os cidadãos que tenham curiosidade em conhecer um pouco mais da história das eleições brasileiras.

1. Eleições no Império (1824-1889)

Preâmbulo: eleições antes da Independência

Do século XVI ao começo do XIX, a vida administrativa de Portugal e de suas colônias era regulamentada por um conjunto de normas conhecido como Ordenações do Reino. A mais duradoura delas, as Ordenações Filipinas, de 1603, que vigorou durante o período colonial brasileiro, trazia um segmento específico sobre as eleições dos diversos cargos para a administração das vilas e cidades.[1] De acordo com o título LXVII do livro I, os "cargos de governança" das vilas preenchidos por meio de eleições eram os de juiz ordinário, vereador e procurador.[2] Os juízes tinham a responsabilidade de julgar pequenos delitos e arbitrar sobre os conflitos. Aos vereadores cabia cuidar da manutenção da localidade. Os procuradores serviam como tesoureiros (onde não houvesse tais cargos) e cumpriam as deliberações dos vereadores.[3]

As eleições aconteciam a cada três anos (embora os mandatos durassem apenas um ano) e eram indiretas: os "homens bons" e o "povo" elegiam os eleitores, que, por sua vez, escolhiam os juízes, os vereadores e os procuradores. A expressão "homens bons" era utilizada para designar os membros da elite local. O homem bom precisava preencher certos requisitos: ter mais de 25 anos, ser católico, casado ou emancipado, ter cabedal (ser proprietário de terra) e não possuir "impureza de sangue". Não é tão claro o que as Ordenações designavam como "povo", mas pode se deduzir que fossem os homens livres que não pertencessem à categoria dos homens bons.[4] Apenas os homens bons eram elegíveis para ocupar os postos da administração local.

A eleição dos cargos de governança municipal era feita por intermédio de um curioso processo. No dia da eleição, os homens bons e o povo se reuniam. O juiz mais velho caminhava pelo recinto junto com o escrivão e requeria que cada presente elegesse, "em segredo", o nome de seis eleitores. Os seis nomes anotados pelo escrivão que recebessem mais indicações eram designados eleitores. A seguir, os eleitores eram agrupados em duplas – que não podiam se comunicar entre si – e cada uma delas era responsável por elaborar uma lista de nomes (os róis) para ocupar os cargos de governança local. As listas eram, em seguida, recebidas pelo juiz mais antigo da cidade, a quem cabia uma tarefa especial na apuração. Segundo as Ordenações, em segredo, ele "verá por si os róis e concertará uns com os outros, e por eles escolherá as pessoas que mais votos tiverem. E tanto que o assim tiver apurados, escreva por sua mão em folha, que se chama pauta, os que ficam eleitos para juízes, e em outro título os vereadores, e procuradores, e assim de cada ofício".[5] Após esse processo o juiz elaborava uma lista de nomes para ocupar os cargos municipais. A lei o obrigava a guardar sigilo a respeito de suas escolhas. Cada lista era inserida em um pelouro (bola de cera) e mantida em um cofre. A cada ano, um pelouro era aberto, o que permitia que os nomes da lista designados para cumprir seus mandatos fossem conhecidos.

Alguns pesquisadores investigaram como se dava o processo eleitoral (e o perfil dos membros da governança local) de alguns municípios durante o período colonial.[6] Mas ainda estamos distantes de ter um quadro abrangente das eleições dessa época. Um dos estudos mais detalhados apresenta uma análise dos dados das eleições para a Câmara Municipal da Vila de Curitiba entre 1776 e 1827.[7] Nessa época, as eleições aconteciam regularmente e seguiam, em linhas gerais, as especificações das Ordenações Filipinas; no período estudado, foram realizadas dezessete disputas para a escolha de dois juízes, três vereadores e um procurador.

Nas eleições de 1782, por exemplo, foram contabilizados 144 votos para eleitores; o nome mais votado recebeu quinze votos.

A primeira eleição para um posto de representação de abrangência para além do âmbito municipal aconteceu em 1821, quando foram eleitos os representantes brasileiros das Cortes de Lisboa. Desde o século XIII a monarquia portuguesa convocava representantes do clero e da nobreza para encontros (as Cortes) de caráter basicamente consultivo – a última havia sido convocada em 1698.[8] A convocação para as Cortes de Lisboa previa a participação de deputados eleitos no Reino do Brasil e em outros territórios ultramarinos. A legislação estabelecia que os deputados seriam escolhidos no âmbito das províncias. A realização de uma eleição em todo o território brasileiro não era uma tarefa fácil. Não havia uma listagem de potenciais eleitores, a estatística da população residente era precária e a estrutura das estradas era incipiente.

O sistema de eleição adotado era indireto em quatro níveis (graus, como se dizia na época) e todos eles utilizavam a regra da maioria simples. O modelo era similar ao inventado na França, em 1791, e depois copiado pela Constituição espanhola de Cádiz (1812). A eleição de 1821 foi realizada em diferentes dias e unidades territoriais: freguesias, comarcas e capital da província.[9]

As primeiras escolhas aconteciam no âmbito da freguesia, em cuja Câmara Municipal os moradores (sem qualquer restrição de renda ou escolaridade) se reuniam, em um dia de domingo, para a escolha dos compromissários. O voto era anunciado verbalmente para os escrutinadores. Após a apuração, os compromissários fechavam-se em um recinto separado e elegiam o eleitor (ou eleitores) da freguesia, que deveria ter mais de 25 anos. No domingo seguinte, os eleitores de diversas freguesias se reuniam em uma determinada cidade (cabeças da comarca) para escolher os eleitores da comarca. Por fim, os eleitores de todas as comarcas da província se reuniam na capital para escolher os deputados.[10] A escolha dos deputados era feita em público: os eleitores se aproximavam da mesa eleitoral e declaravam o nome de seu candidato. Entre agosto de 1821 e maio de 1822, foram eleitos 97 deputados (inclusive suplentes) nas diversas províncias, mas apenas 53 compareceram às Cortes de Lisboa; as bancadas de cada província chegaram a Portugal paulatinamente.[11]

Um decreto publicado em junho de 1822 convocou eleições para a escolha dos representantes das províncias, que seriam responsáveis por elaborar uma Constituição para o Reino do Brasil.[12] Os quatro níveis do sistema indireto foram substituídos por apenas dois: os cidadãos das paróquias escolheriam os eleitores, que, por sua vez, elegeriam os deputados. A província continuou sendo a circunscrição eleitoral básica, na qual os votos dos eleitores eram contabilizados e os deputados, eleitos.

Na eleição de primeiro nível (paróquias), os cidadãos deveriam levar uma lista de nomes (tantos quantos fossem os eleitores da freguesia). A lista deveria ser assinada (reconhecida a identidade pelo pároco). No caso de não saber escrever, o eleitor podia apresentar seu nome verbalmente ao secretário da mesa eleitoral. Os nomes mais votados da paróquia eram escolhidos como eleitores. Quinze dias depois, os eleitores de diversas paróquias se dirigiam a uma determinada cidade, chamada cabeça de distrito, onde eram realizadas as eleições para deputado. Os eleitores apresentavam uma lista com tantos nomes quantas fossem as cadeiras da província na Constituinte. Os votos eram contados em cada cabeça de distrito e enviados para a capital, onde eram apurados; os nomes com mais votos em toda a província se elegiam.[13]

Nas eleições para a Constituinte de 1822 o direito de voto foi um pouco mais restrito do que nas eleições para as Cortes de Lisboa, mas ainda sem as exigências de renda e escolaridade. Na eleição de primeiro grau puderam votar todos os homens casados e os solteiros com mais de vinte anos que não fossem filhos-família.[14]

Exclusão relevante foi a dos homens que recebiam salários (ou soldos), salvo alguns funcionários que ocupavam postos de mais status.[15] Para a eleição de primeiro grau era exigido o domicílio de pelo menos um ano na freguesia. Já para ser eleitor (segundo grau) era preciso ter mais de 25 anos, morar na província há pelo menos quatro anos e "ser homem probo e honrado, de bom entendimento, sem nenhuma sombra de suspeita e inimizade à causa do Brasil, e de decente subsistência por emprego, ou indústria, ou bens".[16] As eleições aconteceram ao longo do segundo semestre de 1822 e as sessões legislativas da Assembleia Constituinte começaram em abril de 1823, quando o Brasil já havia se tornado independente de Portugal.

O quadro geral das eleições

No século XVIII, apenas o Reino Unido realizava eleições regulares para um órgão legislativo de abrangência nacional, a Câmara dos Comuns. Com a invenção da responsabilidade parlamentar – a premissa de que o primeiro-ministro deveria ser eleito pelo Legislativo e não escolhido pelo monarca –, o Parlamento britânico se fortaleceu e as eleições foram se tornando cada vez mais importantes. Nas três primeiras décadas do século XIX, outros países europeus (França, Espanha, Portugal, Noruega, Dinamarca, Holanda e Suíça) e antigas colônias das Américas (Estados Unidos, Argentina, Chile e México) também passaram a realizar eleições regulares para um Legislativo nacional.[17] As eleições realizadas nesses países tinham algumas características em comum: o uso de um sistema eleitoral majoritário, o emprego de distritos eleitorais plurinominais (que elegem mais de um representante) e a manifestação pública do voto – o voto secreto ainda não havia sido criado.[18]

Os dirigentes brasileiros à frente do processo de Independência viveram os mesmos desafios das lideranças de outras ex-colônias americanas: organizar a estrutura administrativa e o sistema representativo de um novo país. Uma peça fundamental nesse processo foi a Constituição de 1824, que estabeleceu os componentes do sistema político imperial. Entre eles destacavam-se: criação de uma estrutura política em três níveis (municípios, províncias e governo central), com ocupação de cargos por meio de eleições nas três esferas; regras que definiam o direito de voto; adoção de um sistema de eleições indiretas para alguns postos (Câmaras dos Deputados, Senado e Assembleias Provinciais) e diretas para outros (Câmaras Municipais e Juízes de Paz).

A Constituição de 1824 criou duas instituições legislativas de âmbito nacional: a Câmara dos Deputados e o Senado, que, juntas, formavam a Assembleia-Geral. A Câmara dos Deputados era composta por representantes escolhidos nas províncias para um mandato de quatro anos. A Constituição previa que o Poder Moderador (na figura do imperador) poderia dissolver a Câmara dos Deputados, o que ocorreu com frequência; os deputados de onze das 21 legislaturas eleitas no Império não cumpriram os quatro anos de mandato, pois a Câmara dos Deputados foi dissolvida.[19] Nesses casos, novas eleições eram convocadas.

O Senado era composto por representantes eleitos nas províncias para mandatos vitalícios, o que significava que uma vaga só era aberta para eleição quando morria um senador. A bancada de senadores de cada província correspondia à metade da bancada de deputados.[20] A Constituição assegurou um papel relevante para o imperador na escolha dos senadores. Os eleitores escolhiam uma lista de três nomes, cabendo ao monarca nomear um deles (não necessariamente o mais votado pelos eleitores).

A Constituição de 1824 adotou um sistema de voto indireto em dois graus para as eleições para a Câmara dos Deputados e para o Senado: "a massa de cidadãos ativos" da paróquia escolhia os eleitores, que, por sua vez, elegiam os parlamentares. No meio político da época, o termo "votante" passou a designar os cidadãos que votavam nas eleições de primeiro grau, e o termo "eleitor" era utilizado apenas para os cidadãos que votavam nas eleições de segundo grau.

A escolha de representantes pelo sistema indireto havia sido utilizada na França nas eleições para a Câmara dos Deputados realizadas entre 1789 e 1820. O processo era realizado em duas etapas: as assembleias dos cantões ou *arrondissements* elegiam os delegados para assembleias de departamentos, que então escolhiam os deputados. Posteriormente, o voto indireto foi adotado na Espanha (1810) e em Portugal (1822). Como vimos, esse modelo já havia sido utilizado pelos legisladores brasileiros para as eleições da Assembleia Constituinte de 1822. O voto indireto foi utilizado ao longo de quase todo o Império, sendo abolido apenas em 1881.[21]

QUADRO 1. O voto indireto no Império

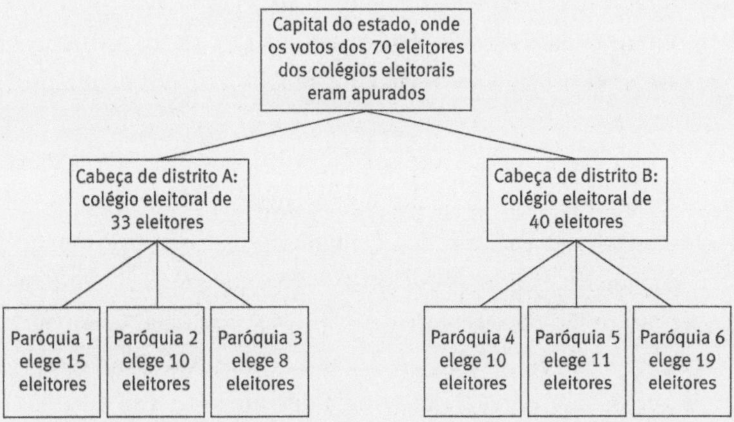

O Quadro 1 ilustra o processo de escolha de deputados-gerais (membros da Câmara dos Deputados) no sistema de votação indireta adotado no Brasil. Os votantes de cada paróquia se reuniam e escolhiam, pelo sistema de maioria simples, os eleitores daquela circunscrição eleitoral; o número de eleitores de cada paróquia era definido previamente pela legislação. Na paróquia A, por exemplo, cada votante podia escolher quinze nomes. Após a contagem dos votos, os quinze nomes mais votados da paróquia eram nomeados eleitores. Dias depois, os eleitores de diversas paróquias se deslocavam até uma cidade próxima (chamada pela legislação de cabeça de distrito, conforme já visto) para a reunião do colégio eleitoral. Os eleitores das paróquias 1, 2 e 3 se reuniam na cidade A e os eleitores das paróquias 4, 5 e 6, na cidade B.

Os eleitores votavam em uma lista de candidatos que concorriam na província (ou no distrito, conforme o sistema eleitoral adotado). Os votos de cada colégio eleitoral reunido nas cabeças de distrito eram apurados e enviados para a capital da província (ou para uma cidade designada, na fase em que distritos eleitorais foram utilizados). A apuração consistia em contabilizar os votos enviados pelos colégios eleitorais e verificar os nomes mais votados da província (ou do distrito), que se elegiam como representantes da província na Câmara dos Deputados. O mesmo processo era utilizado na eleição dos senadores e dos deputados provinciais.

As províncias eram administradas por presidentes nomeados pelo imperador. Este tinha a prerrogativa de substituir o presidente da província sempre que "entender que assim convém ao bom serviço do estado".[22] A Constituição de 1824 previu a criação de um órgão representativo de âmbito provincial (chamado Conselho-Geral da Província). Em 1834, o Ato Adicional estabeleceu que os conselhos da província deveriam ser substituídos pelas assembleias provinciais.[23] Os deputados provinciais eram eleitos para mandatos de dois anos pelo mesmo sistema eleitoral utilizado na escolha dos deputados-gerais. Na província do Rio de Janeiro, por exemplo, houve 27 eleições para a Assembleia Legislativa, nas quais foram escolhidos os deputados das legislaturas do período 1836-89.[24]

A tradição, vinda da Colônia, de eleições nas cidades e vilas permaneceu ao longo do Império. Uma lei de 1828 regulou o processo de escolha para os dois cargos eletivos em âmbito local: os vereadores e os juízes de paz.[25] A legislação inovou ao estabelecer uma listagem prévia dos eleitores aptos a votar. O juiz de paz da paróquia era responsável por organizar a listagem de votantes e afixá-la na porta das igrejas da paróquia até quinze dias antes do pleito. A lei também estabeleceu pela primeira vez uma sanção (multa de 10 mil-réis) para os eleitores inscritos que faltassem às eleições sem motivo justificado. As normas particulares para eleições de vereadores e juízes de paz vigorou até 1846. A partir desse ano, a legislação eleitoral unificou o alistamento e as normas gerais de todas as eleições no país.[26]

As Câmaras de Vereadores eram responsáveis por cuidar da vida administrativa das cidades. A leitura das atas das reuniões da Câmara de Nova Friburgo (vila do Rio de Janeiro) durante o Império revela a abrangência das atividades dos vereadores: política contra sublevação de escravos; criação de escolas e contratação de professores; manutenção de estradas, caminhos e pontes; iluminação pública; campanhas de vacinação e medidas de saúde pública, particularmente por ocasião de surto de cólera; criação e manutenção de ruas e praças; discussão sobre o traçado de ferrovia; política de prevenção contra enchente de rios.[27]

Os vereadores eram eleitos para um mandato de quatro anos pelo voto direto dos cidadãos qualificados. A circunscrição eleitoral era todo o município – ou seja, os votantes podiam escolher nomes de toda a cidade. Os votos eram contados na paróquia e o resultado enviado para a Câmara Municipal, onde era feita a apuração final. Os mais votados do município eram eleitos; entre eles, o vereador mais votado presidia a Câmara. As Câmaras Municipais eram compostas por nove vereadores nas cidades e por sete nas vilas. Para ser vereador bastava ser votante de primeiro grau e morar há pelo menos dois anos no município.[28]

A paróquia (ou freguesia) era a unidade fundamental da vida social e político-eleitoral durante o Império. Cada uma das vilas ou cidades do Império era formada por pelo menos uma paróquia; na cidade de Campos (RJ), por exemplo, existiam catorze paróquias em 1880.[29] Na igreja matriz da paróquia eram realizados os alistamentos dos votantes e dos eleitores, afixadas as convocações dos pleitos e as listas dos eleitores, e, até 1880, abrigavam também a votação e a apuração dos votos. No dia marcado, o pároco rezava missa e, em seguida, a mesa responsável pelos trabalhos era instalada e tinha início o processo de votação.

A cada paróquia estava associado pelo menos um distrito de paz. Cada um deles era atendido por quatro juízes de paz (e quatro suplentes) eleitos pelo voto dos moradores da paróquia para um mandato de quatro anos. Para ser juiz de paz era preciso ser eleitor de segundo grau e residir no respectivo distrito. As eleições para juízes de paz eram realizadas simultaneamente às dos vereadores. No dia das eleições locais, cada eleitor entregava duas cédulas: uma com sete ou nove nomes para vereador e outra com quatro para os juízes de paz. A diferença é que os vereadores eram eleitos com votos de todo o município, enquanto os juízes de paz, apenas com os votos dos moradores dos distritos que compunham a paróquia.[30]

O juiz de paz era responsável por um amplo rol de tarefas: resolver pequenas querelas entre os moradores; manter a ordem e evitar rixas; controlar os "vadios e os mendigos"; providenciar a destruição de quilombos e impedir a construção de novos; presidir o inquérito preparatório em matéria criminal; vigiar a conservação de matas e florestas públicas.[31] Até 1880, os juízes de paz foram, ainda, responsáveis pelo alistamento dos votantes da paróquia aptos a votar nas eleições do município.[32]

O direito de voto

Em diversos países europeus e nas antigas colônias das Américas, a realização de eleições regulares para um parlamento nacional levou ao debate político uma questão fundamental: que critérios utilizar para definir que indivíduos de uma determinada comunidade política deveriam ter direito a voto? Até o fim do século XVIII, a qualificação dos eleitores estava, em geral, associada ao pertencimento a um determinado estamento ou corporação (nobreza, clero, corporação das cidades). Após as revoluções Francesa e Americana, a comprovação de alguma renda e o pagamento de impostos ou propriedade (censo econômico) passaram a ser o critério dominante.[33] Em alguns casos, exigia-se que o eleitor demonstrasse um nível mínimo de escolaridade (censo literário). Em todos os países, apenas homens podiam ser eleitores. O fim dos censos econômicos e literários e a concessão de voto para as mulheres foram alguns dos temas que mais mobilizaram o debate político no século XIX.[34] No fim do século, as restrições de renda e de escolaridade já haviam sido extintas em um número expressivo de países. As mulheres só conquistaram o direito a voto no século seguinte – a exceção é a Nova Zelândia, onde elas já votavam desde 1893.

No Brasil, a definição do direito de voto foi estabelecida pela Constituição de 1824. Para participar das eleições era preciso ter pelo menos 25 anos; era possível votar aos 21 anos, caso o indivíduo fosse casado ou oficial militar. Já para os clérigos e bacharéis não havia limite de idade. Estavam proibidos de votar os filhos-família que morassem com os pais e não fossem funcionários públicos, os religiosos que estivessem em claustro e os criados de servir.[35] A restrição mais relevante refere-se à obtenção de uma renda mínima anual: 100 mil-réis para ser votante (primeiro grau) e 200 mil-réis para ser eleitor (segundo grau). Tais valores foram atualizados em 1846 para 200 mil-réis e 400 mil-réis, respectivamente. Apesar de a Constituição não proibir explicitamente, as mulheres não votaram durante o Império.[36] Os libertos podiam votar nas eleições de primeiro grau.

A França foi o primeiro país a abolir o censo econômico, com a Constituição de 1793, mas nenhuma eleição foi realizada durante a vigência dessa Carta. Nos Estados Unidos, cinco estados já haviam abolido a exigência de renda e propriedade no século XVIII: Vermont (1791), Kentucky (1792), New Hampshire (1792), Tennessee (1796), Georgia (1798) – os outros o fizeram até a década de 1860.[37] O primeiro país a eliminar qualquer exigência de propriedade ou renda para os eleitores foi o Uruguai, em 1830.[38]

No Brasil, a exigência de renda para a qualificação eleitoral durou todo o Império. Para dimensionar o seu impacto no processo de alistamento é preciso explorar dois aspectos. O primeiro é observar se os valores estabelecidos pela legislação eram muito exigentes; ou seja, se excluíam parcela significativa da população do processo eleitoral. O segundo é saber como os eleitores comprovavam que, de fato, auferiam a renda declarada.

As estatísticas sobre o rendimento da população brasileira durante o século XIX são precárias. Por isso é difícil fazer uma análise precisa sobre o real impacto da exigência de renda no tamanho do eleitorado. Mas alguns dados sugerem que, pelo menos nas duas últimas décadas do Império, os valores exigidos para ser votante eram reduzidos e não deveriam ser responsáveis por excluir muitos cidadãos do processo eleitoral. Na década de 1870, a abolição do censo econômico foi discutida em diversas ocasiões na Câmara dos Deputados.[39] A avaliação dominante era que os valores exigidos na eleição de primeiro grau (200 mil-réis por ano) eram baixos e podiam ser auferidos por profissões de pequeno prestígio. Esse diagnóstico é convergente com um levantamento feito nas edições publicadas em 1870 e 1871 do *Jornal do*

Commercio, que mostrou que profissionais de ofícios modestos recebiam mais de 200 mil-réis por ano. Os salários anuais eram os seguintes: costureira (420 mil-réis), soldado (432 mil-réis), carpinteiro (480 mil-réis), cabo de alfândega (730 mil-réis); amas de leite, carregadores, cocheiros, cozinheiros, jardineiros e lavradores recebiam entre 200 e 400 mil-réis anuais.[40]

Como os indivíduos comprovavam que recebiam anualmente os valores exigidos para se tornarem votantes e eleitores? Durante cinco décadas, de 1824 a 1875, não havia exigência de apresentar provas documentais de renda. Portanto, essa definição ficava ao arbítrio das mesas eleitorais (até 1842) e das Juntas de Qualificação de eleitores. Segundo análise feita pelo político conservador Francisco Belisário Soares de Souza, em *O sistema eleitoral no Brasil* – o livro mais detalhado sobre as eleições imperiais, publicado em 1872[41] –, a identificação de renda dava margem a diversos tipos de fraudes:

> A condição a que se recorre mais geralmente para justificar todas as exclusões e inclusões é possuir-se ou não a renda legal. A lei constitucional não podia definir em que consistia e como reconhecer-se a renda líquida de 200 mil-réis; as leis regulamentares nunca o fizeram. A prova única que oferecem as partes litigantes perante a junta é a pior possível. A pior absolutamente falando, a tanto se rebaixa o homem! E no caso especial das contendas eleitorais é prova tão má que não há termos que a qualifique. Fulano e Sicrano, os dois mais indignos miseráveis da freguesia, juram, mediante qualquer paga, que dez, vinte, trinta indivíduos têm a renda legal para serem qualificados votantes, e tanto mais correntemente juram, quanto por si nada sabem, mas decoram bem o papel. Outros dois miseráveis, só comparáveis aos primeiros, depõem justamente o contrário. Sendo os cidadãos por sua parte gente desconhecida, ou quase, nenhum documento pode-se apresentar a seu respeito. Nada possuem, vivem

> de soldada, em terras alheias, não sabem ler nem escrever. Tudo isso se alega; porém responde-se que ninguém pode viver sem uma renda de 200 mil-réis, que o simples jornaleiro não vence por dia menos de mil, 1.500, 2 mil-réis. Incluem-se, pois, na lista os cidadãos em litígio, e, por seu turno, aqueles que neste sentido trabalharam vão alegar o mesmo que haviam há pouco refutado, para excluir os votantes do adversário.[42]

Um decreto de 1875 passou a exigir que a Junta de Qualificação apresentasse as seguintes informações sobre cada um dos alistados da paróquia: a idade, o estado civil, a declaração de saber ler e escrever, a filiação, o domicílio e a renda conhecida, provada ou presumida. No caso da renda presumida, a Junta deveria declarar a razão da presunção e as fontes de informação a que tivesse recorrido.[43] O decreto apresentava uma lista de doze condições a partir das quais a renda poderia ser considerada presumida e quatro condições para a prova legal da renda. Estavam isentos de declarar a renda, entre outros: oficiais militares, médicos, clérigos de ordens sacras, professores e diretores de escola e os que tivessem diplomas de nível secundário ou superior. Era admitido como prova legal de renda, por exemplo, o título de propriedade de imóvel com valor superior a 200 mil-réis por ano. O primeiro título eleitoral do país, criado pela mesma legislação, trazia a informação sobre a renda do eleitor (ver Imagem 1).

A partir de 1881, com a Lei Saraiva, as exigências para a comprovação de renda aumentaram.[44] Uma mudança fundamental é que, com a introdução do alistamento por iniciativa do eleitor – no lugar do realizado pela Junta (ver seção a seguir) –, coube ao próprio eleitor a tarefa de apresentar os documentos que comprovassem sua renda. A legislação era extremamente detalhada quanto à exigência para comprovação da renda proveniente de imóveis, indústria e profissão, emprego público, títulos públicos e ações de bancos e companhias. Mas mantinha uma série de profissões e condições que isentavam os cidadãos de comprovação de renda. Por exemplo, estavam isentos os clérigos, os oficiais militares, os qualificados como jurados (1879), os diretores de órgãos públicos e os parlamentares com mandato.

Um levantamento do primeiro alistamento eleitoral realizado na província do Rio de Janeiro após a promulgação da lei de 1881 revela os critérios utilizados para qualificar os 10.848 cidadãos alistados. Desses, apenas 2.452 eleitores (23% do total) tiveram de comprovar a proveniência de renda. Entre os que foram isentados da comprovação, um número expressivo (7.410 eleitores) havia sido selecionado como jurado para servir no ano de 1879, norma que isentava a comprovação de renda.[45]

A Constituição de 1824 não estabeleceu nenhuma exigência de que os cidadãos fossem alfabetizados para terem direito a voto. Porém, entre 1824 e 1842 a legislação eleitoral previa que os votantes de primeiro grau deveriam assinar o papel que continha a relação de seus candidatos (cédula). Como a documentação sobre as eleições desse período é precária, não é possível saber se essa norma efetivamente afastou os adultos analfabetos do processo eleitoral. Um levantamento da lista de eleitores de oito paróquias da cidade do Rio de Janeiro em 1876, por exemplo, mostra um número significativo de analfabetos inscritos. Entre os 5.926 votantes, havia 1.500 (25%) que não sabiam ler e escrever. Nas paróquias mais distantes do Centro da cidade o contingente de analfabetos era alto: Santa Cruz (57%), Guaratiba (52%), Jacarepaguá (48%) e Irajá (40%). No outro extremo, na Candelária, paróquia na qual residia a população mais próspera da cidade, todos os eleitores eram alfabetizados.[46]

A Lei Saraiva confirmou o direito de voto para os analfabetos. O novo título de eleitor introduziu um espaço no qual devia constar a informação sobre a instrução do eleitor (ver Imagem 2). A lei previa ainda que, nos casos em que o cidadão fosse analfabeto, ele poderia autorizar outra pessoa a requerer a sua inscrição como eleitor e a buscar o título em seu nome. No primeiro alistamento de eleitores realizado na província do Rio de Janeiro, em 1881, após a promulgação da Lei Saraiva, por exemplo, foram cadastrados 120 eleitores analfabetos dentro de um total de 10.848 inscritos (apenas 1% do total).[47]

Um artigo da Lei Saraiva que tratava das revisões dos alistamentos eleitorais, que ocorreriam anualmente a partir de 1882, introduziu uma mudança fundamental no direito de voto no Brasil: os novos eleitores deveriam saber ler e escrever. Essa era a primeira vez que um artigo proibia que os analfabetos se cadastrassem como eleitores no país. Não há estudos dimensionando o impacto dessa medida sobre o total de eleitores inscritos nos últimos anos do Império em âmbito nacional. Dados sobre os eleitores da província do Rio de Janeiro, por exemplo, revelam que houve poucas alterações entre 1882 e 1885: tanto o número de inscritos quanto o de excluídos do cadastro foi bastante reduzido.[48]

O alistamento e o número de eleitores

Como vimos na seção anterior, um aspecto fundamental das eleições é a definição dos critérios que determinam quem pode ser eleitor. Outro aspecto decisivo é o levantamento de quais cidadãos preenchem esses critérios, estando, assim, aptos a votar. Até o fim do século XVIII não havia um cadastro de eleitores em nenhum país, e a definição de quem efetivamente poderia ou não votar acontecia no dia das eleições. O alistamento prévio foi adotado na França em 1791, sendo posteriormente introduzido no Reino Unido com a reforma eleitoral de 1832. A ideia é que uma listagem prévia de eleitores reduziria os conflitos de reconhecimento no dia das eleições e facilitaria sua distribuição pelas diversas unidades de votação.[49]

Durante o Império, o Brasil utilizou três procedimentos de alistamento dos votantes para as eleições das Assembleias Provinciais, Câmara dos Deputados e Senado: o reconhecimento dos eleitores no dia do pleito pela mesa eleitoral (a partir de 1824); o cadastro prévio realizado por juntas locais que arrolavam todos os eleitores aptos a votar (a partir de 1842); o alistamento individual, quando os indivíduos que conseguiam atender aos requisitos para se tornar eleitores solicitavam espontaneamente o seu registro (a partir de 1881). Nas eleições municipais (vereadores e juízes de paz), os votantes eram previamente cadastrados pelos juízes de paz da paróquia.

Nas eleições realizadas nas décadas de 1820 e 1830 não houve alistamento prévio de votantes para as eleições gerais. Os cidadãos aptos eram obrigados a comparecer à igreja da freguesia, onde a eleição era realizada. Havia a possibilidade de o eleitor enviar sua cédula (na realidade, uma lista de nomes escritos em uma folha de papel) por um procurador. Existem poucos registros oficiais dessas eleições. Por isso não é possível saber o número de votantes em cada freguesia, nem se a norma que obrigava os votantes a comparecer no dia do pleito (ou a enviar a sua lista de nomes por terceiros) era obedecida.

A partir de 1842, os votantes passaram a ser cadastrados antes do dia das eleições. Uma junta, organizada no âmbito da paróquia, ficou com a responsabilidade de organizar uma listagem com os nomes de todos os votantes e eleitores. Uma lei de 1846 estabeleceu regras mais detalhadas para o alistamento dos votantes. A Junta de Qualificação, presidida pelo juiz de paz mais votado na freguesia, seria instalada no terceiro domingo do mês de janeiro e teria, no máximo, vinte dias para encerrar os trabalhos. A listagem deveria trazer o nome, a idade, a profissão e o estado civil dos votantes. A ata final era feita em três vias: uma para o presidente da província, outra para o ministro do Império na corte e uma terceira, que seria afixada no interior da igreja, "em lugar conveniente e à vista de todos". No terceiro domingo dos anos seguintes, a Junta de Qualificação faria as revisões, para "eliminar os cidadãos que houverem falecido, estiverem mudado ou tiverem perdido as qualidades de votantes", ou "para incluir os que mudaram para a paróquia, ou adquirido as qualidades de votantes".[50] Após a qualificação, o eleitor não recebia nenhum documento (título de eleitor) que o identificasse no momento da eleição, tarefa que continuava sob a responsabilidade da mesa eleitoral.

A Lei de 1875 implementou algumas mudanças no processo de alistamento.[51] A qualificação dos eleitores continuou a ser feita na paróquia, mas agora uma junta municipal – composta do juiz municipal ou seu substituto e dois vereadores – se responsabilizava por checar esses dados e produzir a lista dos votantes de todo o município. A junta paroquial passou a ser composta por cinco membros escolhidos pelos eleitores (não os votantes) da paróquia. Os alistamentos passaram a ser realizados a cada dois anos.

Apesar desse detalhado processo de alistamento dos votantes, não existem estatísticas mais amplas sobre o volume de cidadãos inscritos para votar em âmbito nacional ou nas províncias até 1870. Uma análise das listas de qualificação das freguesias pode dar algumas pistas. Um único estudo analisou detidamente as listas de votantes das décadas de 1850 e 1860, concentrando-se nas freguesias do município de Curitiba.[52] Os números mostram que um amplo contingente da população masculina da cidade estava cadastrado como votante. Em 1854, por exemplo, os votantes de Curitiba representavam 12% da população total e 57% da população masculina livre acima de vinte anos.[53] Em 1866, o percentual de votantes foi ainda maior: 14% da população total e 79% dos homens livres com mais de vinte anos.[54] A ausência de dados sistemáticos sobre os votantes de outras freguesias não nos permite dimensionar se esse alto contingente era uma especificidade da cidade de Curitiba ou se podia ser encontrado também em outros municípios.

Os primeiros levantamentos do número de votantes em âmbito nacional foram publicados apenas na década de 1870. O primeiro deles é um relatório do Ministério do Interior (1870) que estimou em 942 mil o número de votantes do país (excluindo a província de Mato Grosso, para a qual não havia dados).[55] Uma série de relatórios foi apresentada a partir dos dados coletados pelo primeiro recenseamento populacional do país, realizado entre 1872 e 1874. O relatório de 1875 estimou em 1,1 milhão o número de votantes, valor que correspondia a cerca de 11% da população total e 13% da população livre.[56]

Um dado do Censo de 1872 que chama a atenção é a intensa variação do percentual de votantes das províncias: de 17% em Alagoas e Sergipe a 6% em São Paulo. O número de votantes inscritos era menor nas províncias do "Sul", como Rio de Janeiro e Minas Gerais, ambas com 8%, do que nas do "Norte", em lugares como Pernambuco e Bahia, ambos com 13%.[57] Não sabemos como esses números foram coletados, nem em que medida estão sobre (ou sub) representados. Mas por que razão Rio de Janeiro, São Paulo e Minas Gerais, províncias em que, provavelmente, o Censo de 1872 foi realizado de maneira mais cuidadosa, têm as menores taxas de votantes do país?

Sabemos por intermédio de um único caso (Curitiba) que nas décadas de 1850 e 1860 o eleitorado do município representava cerca de 12% da população. Para a primeira metade da década de 1870 existe o levantamento do Censo de 1872, que estimou o eleitorado em cerca de 11% da população. Para a segunda metade da década de 1870 existem apenas estudos de caso. Baseados nas listas eleitorais produzidas a partir de 1876 (que passaram a trazer a renda e a escolaridade dos eleitores), esses estudos apontaram as seguintes estimativas do eleitorado (sobre a população total) de três municípios brasileiros: Rio de Janeiro (5%), São Paulo (6%) e Campos (7%).[58]

No século XIX, a estatística eleitoral de outros países apresentava problemas semelhantes: dados incompletos, cadastros desatualizados, fraudes de alistamento. Por isso a comparação do nível de participação eleitoral do Brasil deve ser feita com cuidado. Na década de 1870, o sufrágio universal masculino já havia sido adotado em cinco países (França, Estados Unidos, Dinamarca, Canadá e Alemanha), o que levou a um amplo alistamento de homens como eleitores. Em todos os outros países, as exigências de renda e (ou) escolaridade restringiram o número total de eleitores. Para se ter uma ideia, no Reino Unido o total de eleitores inscritos na década de 1870 representava apenas 7% da população total.[59]

Em 1881, a Lei Saraiva implementou duas mudanças no processo de alistamento dos eleitores. A primeira foi transferir a responsabilidade por realizá-lo das juntas paroquiais para o Judiciário (juízes municipais e juízes de comarca). Essa foi uma mudança importante, já que as comissões anteriores, que contavam com a presença de representantes de cargos eletivos (juízes de paz, vereadores), eram mais vulneráveis à influência política. A segunda mudança foi a substituição do processo de alistamento automático, no qual cabia à Junta de Qualificação identificar os cidadãos aptos a serem votantes e eleitores em cada paróquia, pelo alistamento individual. Os eleitores aptos deveriam reunir os documentos exigidos e apresentá-los ao juiz municipal. Este mandava a documentação para o juiz da comarca, responsável por fazer a checagem final. Após a qualificação, os eleitores recebiam o título.

Além de estabelecer as novas regras de alistamento, a Lei Saraiva acabou com o voto indireto. Como o censo econômico (200 mil-réis) não foi alterado, a expectativa era de que o número de alistados não sofresse alterações significativas. Mas, após o primeiro cadastramento de eleitores, realizado logo depois da promulgação da nova lei, o número de inscritos despencou: apenas 142 mil eleitores inscreveram-se para votar nas eleições de 1881, o que correspondia a cerca de 1% da população do país. Os levantamentos feitos no começo da década de 1870 indicavam que o Brasil tinha cerca de 1,1 milhão de votantes inscritos. Ainda que esse total fosse superestimado e já tivesse sido sofrido alguma redução por conta das novas regras de 1875, a queda no número de eleitores pode ser considerada bastante acentuada. O que teria acontecido?

Como não houve alteração do censo econômico, nem qualquer exigência de que os eleitores fossem alfabetizados, a explicação mais plausível reside no novo processo de alistamento. A exigência de que o cidadão tomasse a iniciativa de se cadastrar – em contraste com o antigo sistema no qual cabia a uma junta realizar o alistamento – e a necessidade de apresentação de documentação que comprovasse a renda foram, provavelmente, determinantes para a redução do número de eleitores.[60]

Os sistemas eleitorais

Já vimos que nas eleições de primeiro grau os votantes escolhiam os eleitores pelo sistema de maioria simples. Quais regras foram adotadas para a eleição de deputados e senadores pelos eleitores (eleição de segundo grau)? Durante o Império, cinco diferentes sistemas eleitorais foram adotados, todos pertencendo à "família" dos sistemas majoritários: maioria simples na província; maioria absoluta (em até três turnos sucessivos) em distrito de um representante; maioria simples em distritos plurinominais; maioria simples na província (com voto limitado); maioria absoluta (em dois turnos) em distritos de um representante.[61]

A reforma do sistema eleitoral foi um tema intensamente debatido na Assembleia-Geral e no meio político durante o Império. As discussões eram fortemente influenciadas pelas reformas das instituições eleitorais em curso ao longo do século XIX em outros países, principalmente Estados Unidos, França, Reino Unido, Portugal e Espanha. É importante destacar que nessa época todos os países que realizavam eleições em âmbito nacional utilizavam alguma variedade de sistema eleitoral majoritário.

O primeiro sistema eleitoral brasileiro, adotado logo após a promulgação da Carta de 1824, era idêntico ao utilizado para a escolha dos constituintes: maioria simples no âmbito da província. Os eleitores reunidos em cada colégio eleitoral deveriam apresentar uma lista de nomes (tantos quantas fossem as cadeiras da província na Câmara dos Deputados). Os candidatos mais votados na província eram eleitos.

Vejamos, por exemplo, como se dava o processo de votação na província do Rio de Janeiro, que tinha oito cadeiras na Câmara dos Deputados e quatro colégios eleitorais – São Sebastião, São João Marcos, Santo Antônio de Sá e Macaé. Os eleitores reunidos em cada um dos colégios eleitorais listavam oito nomes (acompanhados da profissão e do lugar de moradia de cada um). Os votos de cada colégio eleitoral eram apurados e os resultados enviados para a Câmara Municipal de Niterói. Os oito nomes mais votados em toda a província eram eleitos deputados. Esse sistema foi o utilizado nas eleições para a Câmara dos Deputados nos seguintes anos:[62] 1825, 1829, 1833, 1837, 1841, 1842, 1844, 1847, 1849 e 1852.[63]

Ao longo dos anos, o sistema eleitoral utilizado nas eleições para deputados-gerais passou a receber uma série de críticas. A principal delas enfatizava o processo de "esmagamento" dos grupos locais pelos grupos dominantes da política provincial, fato que era associado à utilização de um sistema eleitoral no qual os votos eram contados em âmbito provincial. Esse procedimento facilitava o controle do processo eleitoral pelo governo central, o que desequilibrava a competição entre os partidos. O resultado era que um partido conquistava todas (ou quase todas) as cadeiras, sem espaço para a representação das forças políticas minoritárias, no caso, o partido que não havia sido designado pelo imperador para formar um novo gabinete.[64] Nas eleições de 1849 todos os deputados (com exceção de um) foram eleitos pelo Partido Conservador; no pleito seguinte (1852), o partido elegeu todos os deputados.[65]

Em 1855, a Câmara dos Deputados adotou um novo sistema eleitoral.[66] As províncias foram divididas em distritos eleitorais (chamados "círculos eleitorais"), cada um deles elegendo um deputado. Os eleitores das diversas paróquias que compunham o distrito se reuniam em uma delas (a cabeça do distrito) para fazer sua escolha (eles agora votavam em um único nome). Um candidato necessitava obter maioria absoluta dos votos para ser eleito. Caso isso não ocorresse, uma nova eleição era realizada no dia seguinte, onde inicialmente concorreriam os quatro nomes mais votados na véspera. Se nenhum deles obtivesse maioria absoluta, uma nova disputa seria realizada entre os dois mais votados.

O sistema de turnos sucessivos até que um candidato viesse a obter a maioria absoluta foi inventado na França ainda no Antigo Regime e adotado em países europeus (Bélgica, Holanda, Espanha e Suíça) na primeira metade do século XIX.[67] Para os leitores atuais é difícil entender como a troca de um sistema majoritário em âmbito provincial por um modelo de maioria absoluta em distritos de um representante (voto distrital como conhecemos hoje) poderia favorecer a representação das minorias. Os legisladores acreditavam que as eleições realizadas em unidades menores (círculos) diminuiriam a influência do governo e as fraudes eleitorais.[68]

Nas eleições de 1856, as primeiras em que o novo sistema foi utilizado, houve um aumento da representação da minoria: o Partido Liberal conseguiu obter 17% das cadeiras da Câmara dos Deputados.[69] Por outro lado, na avaliação da elite parlamentar, o "favorecimento" das elites locais teria ido longe demais, ao enfraquecer a influência dos partidos. Estes teriam perdido a capacidade de elaborar a lista de candidatos, tal como realizavam no antigo sistema eleitoral provincial. O deputado Francisco Otaviano, do Partido Liberal, resumiu a opinião predominante na elite parlamentar: "Os círculos trouxeram logo esta consequência: enfraqueceram os partidos, dividindo-os em conventículos de meia dúzia de indivíduos, sem nexo, sem ligação, sem interesses comuns e traços de união. Toda a nossa pequenez como nação sentiu-se rebaixada."[70]

A Câmara dos Deputados apressou-se em alterar o sistema eleitoral antes da eleição seguinte e novas regras foram adotadas em 1860. Com o intuito de restringir a influência dos líderes locais no processo eleitoral, os distritos eleitorais (círculos) para a Câmara dos Deputados foram ampliados e passaram a eleger três representantes. Por exemplo, a bancada de São Paulo na Câmara dos Deputados era composta de nove representantes. Na lei de 1855, o território da província foi dividido de modo a criar nove distritos. Pela nova lei, o território foi reconfigurado para criar três distritos, cada um deles elegendo três deputados. A Imagem 3 reproduz um mapa feito no período, com o delineamento dos distritos eleitorais do Brasil.[71]

O processo de escolha indireta era o mesmo do distrito de um representante. Os eleitores se reuniam em colégios eleitorais específicos e votavam em três nomes de candidatos do distrito. Os votos de cada colégio eleitoral eram apurados e enviados para o município "cabeça de distrito", onde se fazia a apuração final do distrito: os três nomes com mais votos se elegiam. Esse sistema foi utilizado nas eleições de 1860, 1863, 1866, 1868 e 1872. Nas quatro primeiras disputas, o partido minoritário conseguiu eleger representantes: Partido Liberal (20%, em 1860); Partido Liberal Histórico (39%) e Partido Conservador (1%), em 1863; Partido Liberal Histórico (17%) e Partido Conservador (9%), em 1866; e Partido Liberal (7%), em 1868. Mas em 1872, como os liberais não concorreram, em protesto contra a dissolução da Câmara dos Deputados, o Partido Conservador elegeu todos os deputados.

Durante a primeira metade do século XIX, a representação das forças políticas minoritárias no Legislativo era uma preocupação dos legisladores em outros países, particularmente no Reino Unido, onde diversos projetos foram apresentados com o propósito de resolver tal desequilíbrio. Entre eles, o projeto do voto limitado, que é uma variante do sistema majoritário em distritos plurinominais no qual os eleitores votam em menos nomes do que o número de cadeiras do distrito; por exemplo, em distritos de três representantes, o eleitor pode votar em dois nomes. Os defensores do voto limitado acreditavam que esse procedimento evitaria que um partido elegesse todos os candidatos do distrito. O voto limitado foi utilizado em treze distritos britânicos entre 1868 e 1880.[72]

O voto limitado foi adotado em 1875 no Brasil. O argumento dos defensores da proposta era o mesmo presente nas reformas anteriores: evitar as Câmaras unânimes e garantir a representação das minorias. Os círculos foram eliminados e a circunscrição eleitoral voltou a ser a província (como nas primeiras décadas do Império): em cada colégio eleitoral os eleitores escolhiam nomes que concorriam em toda a província; os mais votados eram eleitos. Diferentemente do primeiro sistema imperial, no qual os eleitores votavam em tantos nomes quantas fossem as cadeiras da província na Câmara dos Deputados, no novo sistema os eleitores passaram a votar em dois terços do número de vagas, razão pela qual a lei que o criou ficou conhecida como Lei do Terço. Por exemplo, os eleitores de São Paulo votavam em seis nomes, já que a província tinha nove representantes na Câmara dos Deputados. O voto limitado foi utilizado nas eleições para a Câmara dos Deputados realizadas em 1876 e 1878; na primeira, o partido minoritário (Liberal) obteve 13% das cadeiras; na segunda, voltou-se à unanimidade: o Partido Conservador não elegeu nenhum deputado.

As constantes alterações no sistema eleitoral – em vinte anos, entre 1855 e 1875, foram introduzidas três mudanças – não atingiram os resultados esperados, particularmente o de garantir a representação do partido minoritário na Câmara dos Deputados. Para diversos políticos e estudiosos da época, o principal responsável por essa situação era o voto indireto. No mesmo período, este ainda estava em vigência em alguns países europeus (Finlândia, Suécia, Áustria), mas já havia sido abolido nos países que mais influenciavam o debate político no Brasil: França (1831), Espanha (1837) e Portugal (1838) – o Reino Unido e os Estados Unidos não adotaram o voto indireto.[73]

Em 1881, a Lei Saraiva aboliu o voto indireto. Senadores, deputados-gerais e deputados provinciais passaram a ser escolhidos diretamente pelos eleitores. Simultaneamente, os círculos (já chamados na legislação de distritos) uninominais, utilizados nas eleições de 1856, foram novamente adotados. As províncias foram divididas em distritos de acordo com o número de seus representantes na Câmara dos Deputados. O delineamento dos distritos deveria atender, quanto possível, à igualdade da população, à contiguidade do território e à integridade do município. Em cada distrito era eleito o candidato com maioria absoluta de votos. Caso isso não acontecesse, vinte dias depois era realizada uma nova eleição em que apenas os dois mais votados disputavam. Tal modelo foi utilizado nas quatro últimas eleições do Império: 1881, 1885, 1886 e 1889.

Durante as seis décadas em que o voto indireto foi utilizado, os eleitores que se reuniam nos diversos colégios eleitorais da província se tornaram figuras fundamentais, pois faziam a intermediação entre os votantes das paróquias e os parlamentares (deputados e senadores). A adoção do voto direto alterou o padrão de relação dos parlamentares com suas bases. Agora eles passaram a ter um território definido para representar com eleitores previamente inscritos para se relacionar (e pedir votos). O deputado Afonso Celso, do Partido Liberal, relata em suas memórias como foi feita a campanha nas eleições de 1881 – a primeira a ser realizada depois da promulgação da Lei Saraiva – no 20º distrito eleitoral, localizado no norte da província de Minas Gerais:

> Perlustrei grande extensão dele, de paróquia em paróquia, procurando eleitor por eleitor. Nenhum contraíra compromissos quanto ao próximo pleito. Simples, chãos, acessíveis, acolheram-me com a afabilidade proverbial dos mineiros, sobretudo no Sertão. Realizei frequentes defesas no júri e conferências públicas que me valeram calorosas adesões. Labutei ativamente, angariando amigos decididos que nunca me faltaram, e até hoje se me conservam fiéis. O fato de não me haver eu poupado a incômodos e perigos, viajando centenas de léguas para visitar o distrito – coisa que nenhum candidato tinha ainda feito –, as cartas do meu pai, a prestante colaboração do coronel Gentil, que não me deixou, empenhando-se por mim com ardor, produziram efeito decisivo. Posso dizer que conquistei o distrito, que de novo percorri em 1886. Ganhei sólido terreno a pouco e pouco. Afinal, cabalava por mim toda a gente de valor.[74]

O Quadro 2 resume as principais características dos sistemas eleitorais adotados nas eleições para a Câmara dos Deputados durante o Império. O modelo adotado em 1824 foi modificado quatro vezes: em 1855, 1860, 1875 e 1881.

QUADRO 2. Sistemas eleitorais utilizados nas eleições para a Câmara dos Deputados durante o Império (1824-1889)

Quando entrou em vigência	Circunscrição eleitoral (unidade na qual o eleitor podia escolher os seus deputados)	Quantidade de nomes em que o eleitor podia votar	Sistema eleitoral	Número de eleições
1824	Província	Tantos quantas fossem as cadeiras da província na Câmara dos Deputados	Maioria simples: os mais votados da província eram eleitos	Dez
1855	Distrito de um representante	A lei especifica apenas para o segundo e terceiro turnos (um voto)	Maioria absoluta: se nenhum candidato obtivesse mais de 50% dos votos, era realizada uma nova eleição entre os quatro mais votados; se ainda assim nenhum obtivesse maioria absoluta, era realizado um novo pleito com os dois mais votados	Uma
1860	Distrito de três representantes	Três nomes	Maioria simples: os três mais votados no distrito eram eleitos	Cinco
1875	Província	Dois terços do número de representantes na Câmara dos Deputados	Maioria simples: os mais votados da província eram eleitos	Duas
1881	Distrito de um representante	Um voto	Maioria absoluta: se nenhum candidato obtivesse mais de 50% dos votos, era realizada uma nova eleição entre os dois mais votados	Quatro

É interessante observar que, em termos comparativos, as mudanças no sistema eleitoral brasileiro implementadas durante o Império não foram tão acentuadas. Ao longo do século XIX, os sistemas eleitorais de todos os países da Europa foram constantemente modificados e enfrentaram desafios semelhantes ao experimentado pela elite política imperial, que envolviam questões como: é melhor que os votos sejam contabilizados em grandes regiões ou em distritos eleitorais desenhados exclusivamente para esse fim? Como evitar que um partido eleja todos os representantes da circunscrição eleitoral? Deve-se seguir o modelo francês de voto indireto ou o inglês de voto direto?

O processo de votação e as fraudes

Na primeira metade do século XIX, o voto secreto ainda não havia sido adotado em nenhum país. Votar significava manifestar a preferência em público, o que era feito de diversas maneiras: por aclamação, declarando o voto a um escrutinador; ou entregando um papel com os nomes dos candidatos manuscritos.[75] O voto secreto constava como uma das reivindicações do movimento cartista na Inglaterra dos anos 1830, mas foi adotado em eleições nacionais só a partir da década de 1850.[76] Em Portugal - um dos primeiros países a adotar o voto secreto -, uma lei de 1852 estabelecia que "o voto é por escrutínio secreto, de modo tal que nenhum eleitor se conheça ou possa saber o voto" e completava afirmando que nenhum boletim de voto poderia ser em papel transparente ou de cor nem ostentar qualquer sinal externo de identificação.[77] A partir dos anos 1860, os países começaram a utilizar a cédula oficial - conhecida no meio político europeu como "voto australiano", pelo fato de ter sido inventada no estado de Alberta, na

Austrália –, que era impressa por órgãos públicos e deveria ser preenchida pelos eleitores no dia da votação.

O Brasil adotou o voto por escrito nas eleições para a Constituinte realizadas em 1822. Inicialmente, não havia preocupação com o sigilo, mas, a partir da década de 1840, este passou a ser um tema presente em diversas reformas eleitorais. De acordo com a primeira lei eleitoral, promulgada em 1824, após a Independência, os votantes deveriam depositar na urna um pedaço de papel com os nomes e a respectiva profissão dos candidatos (relação); e não deveriam escrever tais nomes no local da votação, mas levar a lista pronta. O número de nomes votados deveria corresponder ao número de eleitores da paróquia. Por exemplo, a paróquia de São João Baptista, de Nova Friburgo (RJ), elegia catorze eleitores, então o votante escrevia o nome de catorze moradores da paróquia. Não havia inscrição prévia de candidatos nem era exigido que os nomes se apresentassem por partidos. Por isso era possível votar em qualquer nome local. A única exigência era que a relação fosse assinada pelo votante; portanto, não havia sigilo de voto. O votante que não comparecesse à eleição podia enviar seu voto por intermédio de outro (por procuração). Terminada a votação, iniciava-se a apuração. Poucos dias depois, os eleitores escolhidos pela paróquia recebiam cópia da ata da eleição, que servia como diploma.

A partir de 1842, com a introdução do alistamento prévio, a mesa eleitoral já portava a listagem de eleitores. Os votantes passaram a comparecer ao local de votação, pois o voto por procuração foi extinto. No dia do pleito, eram convocados a entregar a sua cédula (a legislação passou a utilizar este nome), que deixou de ser assinada. Depois de entregues, elas eram numeradas, rubricadas e depositadas na urna por um membro da mesa. Uma nova legislação, de 1846, definiu que as eleições aconteceriam em todo o Império em um único dia (primeiro domingo do mês de novembro da quarta legislatura), mas o pleito podia demorar até três dias, já que havia segunda e terceira chamadas para os votantes faltosos. Uma primeira preocupação com o sigilo do voto apareceu somente em 1876: os votantes, após convocados e identificados (agora de posse do título de eleitor), depositavam a cédula, "que devia ser fechada por todos os lados", na urna.

A Lei Saraiva (1881) dispensou as cerimônias religiosas prévias à votação. O lugar onde funcionava a mesa eleitoral deveria estar separado por uma divisória do local onde ficavam os eleitores, que entravam à medida que eram chamados. O voto teria de ser escrito em papel branco ou anilado, não devendo ser transparente, ter marca, sinal nem numeração. A cédula, fechada por todos os lados e com o rótulo referente ao cargo em disputa, era colocada em um envelope fechado e depositada na urna. Depois, o eleitor assinava o livro de presença; caso não soubesse escrever, outro eleitor indicado por ele poderia assinar.

Apesar de todos esses cuidados, a avaliação é que pelo menos até a década de 1860 as fraudes eleitorais ocorriam de modo generalizado. Segundo relato de Francisco Belisário de Souza no livro *O sistema eleitoral do Brasil*, as fraudes ocorriam sobretudo nas eleições de primeiro grau. O autor descreve como determinadas facções locais usavam de todos os expedientes para vencer as eleições: adulteração da lista de votantes; controle da mesa eleitoral; uso de ameaças e violências por intermédio de "capangas"; voto de eleitores fantasmas (o "fósforo"); adulteração das atas eleitorais (eleições "a bico de pena").[78] É interessante observar que esse quadro não era muito diferente do das eleições realizadas na época em outros países. Os relatos sobre as fraudes eleitorais no Reino Unido, nos Estados Unidos e em países da América Latina no século XIX são abundantes.[79]

No Brasil, diversas medidas foram implementadas, principalmente a partir de 1875, com o intuito de reduzir as fraudes, tornar o processo eleitoral mais legítimo e diminuir a influência do governo central nas eleições. Por conta das mudanças constantes na legislação é difícil tratar das eleições imperiais como um bloco monolítico. Uma comparação entre as regras que vigoraram no começo com as que vigoraram no fim do Império mostra que houve alterações significativas no período. O Quadro 3 apresenta uma comparação entre esses dois momentos:

QUADRO 3. Características das eleições no começo e no fim do Império

	Começo do Império (1824)	Fim do Império (1881)
Alistamento dos eleitores	Realizado no dia das eleições	Realizado previamente e organizado pela Justiça
Voto para a Câmara dos Deputados e o Senado	Indireto	Direto
Forma de comprovação de renda	Não existia	Exigência de apresentação de extensa documentação
Local das eleições	No interior das igrejas	Em prédios públicos
Título de eleitor	Não existia	Exigido para votação
Cédula de votação	Podia ser entregue por terceiros	Exigida a presença do eleitor no local de votação
Inscrição prévia de candidatos	Não existia	Não existia

Mas, afinal, qual era a importância das eleições na definição dos rumos da política imperial? Por conta do volume de mudanças nas instituições eleitorais e da variedade de cargos escolhidos, é impossível dizer que elas tenham tido o mesmo papel ao longo de sete décadas. As eleições diretas para vereador e juiz de paz, por exemplo, podem ter sido fundamentais para a criação de lideranças responsáveis pela governança das cidades e vilas.

Com relação às eleições para a Câmara dos Deputados, os principais estudiosos do período ressaltam a influência da Coroa nos resultados das eleições: o partido convocado ao poder garantia a vitória nas urnas.[80] As eleições não geravam governo, mas serviam para dar sustentação parlamentar ao gabinete escolhido pelo imperador. Nesse sistema, era fundamental o papel desempenhado pelos presidentes de província. Por serem indicados pelo imperador e serem homens de confiança do presidente do Conselho (cargo equivalente ao do primeiro-ministro britânico), eles utilizavam todos os recursos (distribuição de cargos, fraudes eleitorais, violência) para garantir a vitória do partido convocado para chefiar o gabinete.

O sistema político imperial é frequentemente comparado ao governo parlamentar da Inglaterra do século XIX, no qual o primeiro-ministro era indicado pelo partido vitorioso nas urnas. Como a formação do governo dependia das preferências eleitorais, as reformas eleitorais inglesas implementadas no século XIX objetivaram reduzir as fraudes e ampliar o número de adultos que podia participar do processo eleitoral. Em resumo: enquanto na Inglaterra o governo era formado de baixo para cima, no Brasil ele era formado de cima para baixo.

2. A Primeira República (1889-1930)

O quadro geral das eleições

Com a mudança do regime político, em 1889, os dirigentes à frente do movimento republicano se viram diante do desafio de reconfigurar as instituições monárquicas. Quem substituiria o imperador (Poder Moderador) e como esse substituto seria eleito? Que postos de governo seriam escolhidos por eleição? Quem teria direito a voto? O país continuaria a utilizar o regime bicameral, com um Senado e uma Câmara dos Deputados?

A Constituição de 1891 definiu as bases institucionais do novo regime: presidencialismo, federalismo e sistema bicameral. Essas três escolhas afetaram o processo eleitoral. O presidente passou a ser escolhido pelo voto direto dos eleitores. Os antigos presidentes de província – que durante o Império eram indicados pelo Poder Moderador – passaram também a ser eleitos. E os senadores, que no Império eram selecionados em uma lista tríplice e tinham um mandato vitalício, passaram a ser eleitos para um mandato de nove anos.

Durante a Constituinte de 1891, alguns representantes defenderam que o país copiasse o sistema de eleição presidencial dos Estados Unidos, no qual os eleitores elegem delegados que, por sua vez, escolhem o presidente da República.[1] Mas o modelo adotado foi o de voto direto (com a possibilidade de voto indireto, caso um dos candidatos não obtivesse a maioria absoluta dos votos). Esse padrão já havia sido experimentado em três países latino-americanos: Bolívia, Honduras e El Salvador.[2]

Segundo as regras da Constituição de 1891, o presidente e o vice-presidente eram escolhidos simultaneamente para um mandato de quatro anos, sem possibilidade de reeleição. A eleição era realizada no dia 1º de março do último ano do mandato presidencial. Caso um candidato não obtivesse a maioria absoluta dos votos, caberia ao Congresso Nacional escolher um dos dois mais votados. A regra da escolha indireta nunca foi utilizada, já que nas onze eleições diretas para presidente e vice-presidente realizadas durante a Primeira República os candidatos obtiveram mais de 50% dos votos.

Um aspecto interessante das eleições presidenciais é que a legislação não exigia a inscrição prévia de candidatos ou partidos, o que significava que o eleitor podia votar em qualquer nome (inclusive no seu próprio) para presidente. As estatísticas com os resultados finais das eleições presidenciais trazem centenas de nomes, e a maioria consta como tendo recebido apenas um ou dois votos. O político Rui Barbosa, por exemplo, embora tivesse sido candidato a presidente em duas eleições (1910 e 1919), obteve votos em todas as disputas presidenciais realizadas entre 1894 e 1922.[3]

A Carta de 1891 manteve a tradição monárquica de dividir o Legislativo nacional em dois ramos. Assim, o Congresso Nacional era composto pela Câmara dos Deputados e pelo Senado Federal, eleitos simultaneamente em todo o país. Os deputados se elegiam para um mandato de três anos (ver detalhes na seção "Os sistemas eleitorais", neste capítulo). Os estados e o Distrito Federal elegiam três senadores para mandatos de nove anos; os mandatos eram renovados na proporção de um terço por triênio.

Uma das primeiras medidas tomadas pelo Governo Provisório, que assumiu o poder após a proclamação da República, foi dissolver as Assembleias Legislativas eleitas ainda no Império.[4] Em consonância com o "espírito" descentralizador e federalista do movimento republicano, foram realizadas eleições nos estados para a escolha de representantes para redigir as Constituições estaduais. Os pleitos ocorreram nos primeiros meses de 1891 (a data era marcada pelo governador). No fim do ano, todos os vinte estados brasileiros já haviam promulgado suas Constituições.[5]

A Constituição Federal de 1891 não fazia referências ao funcionamento das instituições dos estados e municípios, o que foi definido pelas Constituições estaduais. Em cada estado, os constituintes tiveram grande autonomia para configurar o sistema político, o que resultou em diferentes escolhas em aspectos fundamentais, como: a duração dos mandatos do governador e do Legislativo estadual, a nomenclatura das instituições criadas, as atribuições dos poderes Executivo, Legislativo e Judiciário; e a organização dos governos municipais. Essa variedade institucional da Primeira República era uma novidade em relação à uniformidade das instituições do Império e não foi conhecida em outro momento da história política brasileira.

O Quadro 4, apresentado a seguir, traz alguns exemplos das variações das escolhas institucionais feitas pelos constituintes estaduais em 1891 e as opções adotadas em quatro tópicos. O primeiro, mais prosaico, refere-se ao nome dado ao chefe do Executivo estadual: governador ou presidente. O segundo revela as diferentes escolhas em relação à duração dos mandatos dos governadores (três, quatro ou cinco anos). O terceiro mostra a duração dos mandatos dos deputados estaduais (dois, três e quatro anos).

Houve ainda variação em relação aos sistemas eleitorais adotados nas eleições para chefe do Executivo estadual (ver última coluna do Quadro 4). A maioria dos estados (Paraíba, Sergipe, Bahia, Rio de Janeiro, Rio Grande do Sul, Mato Grosso, Goiás e Minas Gerais) instituiu a mesma regra das eleições para presidente da República: o candidato precisava obter a maioria absoluta de votos; se isso não ocorresse, a Assembleia Legislativa escolhia um nome entre os dois mais votados nas urnas. Em São Paulo e no Pará foram implantados patamares diferentes para a vitória no primeiro turno: dois terços dos votos no primeiro caso, um terço no segundo; se isso não acontecesse, a Assembleia Legislativa escolhia entre os dois nomes mais votados. Dois estados, Maranhão

QUADRO 4. Tópicos selecionados das Constituições dos estados no Brasil, 1891

Estado	Nome do chefe do Executivo	Duração do mandato do governador/presidente	Duração do mandato do Legislativo estadual	Sistema eleitoral utilizado nas eleições para governador
Amazonas	Governador	Quatro anos	Três anos	Não especifica
Pará	Governador	Quatro anos	Três anos	Exigência de o candidato receber mais de um terço dos votos; se não, a Assembleia escolhia entre os dois mais votados
Maranhão	Governador	Quatro anos	Três anos	Maioria simples
Ceará	Governador	Quatro anos	Quatro anos	Não especifica
Piauí	Governador	Quatro anos	Quatro anos	Maioria absoluta; se não, a Assembleia escolhia entre os dois mais votados
Rio Grande do Norte	Governador	Quatro anos	Três anos	Não especifica
Paraíba	Presidente	Quatro anos	Quatro anos	Maioria absoluta; se não, a Assembleia escolhia entre os dois mais votados
Pernambuco	Governador	Quatro anos	Três anos	Maioria simples
Alagoas	Governador	Três anos	Dois anos	Não especifica
Sergipe	Governador	Três anos	Dois anos	Maioria absoluta; se não, a Assembleia escolhia entre os dois mais votados
Bahia	Governador	Quatro anos	Dois anos	Maioria absoluta; se não, a Assembleia escolhia entre os dois mais votados

Estado	Nome do chefe do Executivo	Duração do mandato do governador/ presidente	Duração do mandato do Legislativo estadual	Sistema eleitoral utilizado nas eleições para governador
Espírito Santo	Governador	Quatro anos	Três anos	Não especifica
Rio de Janeiro	Governador	Três anos	Três anos	Maioria absoluta; se não, a Assembleia escolhia entre os dois mais votados
São Paulo	Presidente	Quatro anos	Três anos	Exigência de o candidato receber mais de dois terços dos votos; se não, a Assembleia escolhia entre os dois mais votados
Paraná	Governador	Quatro anos	Dois anos	Maioria absoluta; se não, fazia-se uma nova eleição entre os dois mais votados
Santa Catarina	Governador	Quatro anos	Três anos	Não especifica
Rio Grande do Sul	Presidente	Cinco anos	Quatro anos	Maioria absoluta; se não, a Assembleia escolhia entre os dois mais votados
Minas Gerais	Governador	Quatro anos	Quatro anos	Maioria absoluta; se não, a Assembleia escolhia entre os dois mais votados
Goiás	Presidente	Três anos	Três anos	Maioria absoluta; se não, a Assembleia escolhia entre os dois mais votados
Mato Grosso	Presidente	Quatro anos	Dois anos	Maioria absoluta; se não, a Assembleia escolhia entre os dois mais votados

Fonte: Tabela montada a partir de pesquisa em: F. Freire, *As Constituições dos estados e a Constituição Federal.*

e Pernambuco, preferiram a regra de maioria simples (o mais votado nas urnas era eleito). No Paraná, o governador era eleito pelo sistema de dois turnos (caso um candidato não obtivesse a maioria absoluta dos votos, realizava-se uma nova eleição, em que concorriam apenas os dois mais votados). A Constituição de seis estados (Amazonas, Ceará, Rio Grande do Norte, Alagoas, Espírito Santo e Santa Catarina) não especificou qual sistema eleitoral seria utilizado nas eleições para governador.

Em nenhum aspecto a variabilidade institucional foi tão grande quanto na organização dos governos dos municípios. A paisagem homogênea do Império, na qual as Câmaras Municipais eram escolhidas por regras definidas por legislação nacional, deu lugar a diversos formatos de organização municipal. Cada estado adotou uma configuração específica e deu nomes particulares às suas instituições. A Constituição de cinco estados não fazia referência à organização dos municípios: São Paulo, Paraíba, Bahia, Santa Catarina e Rio Grande do Norte. Todos os outros estados criaram um órgão deliberativo (Intendência, Conselho ou Câmara). Em doze estados, a Constituição estabeleceu uma figura responsável pela execução das leis (intendente, superintendente ou prefeito): Amazonas, Pará, Maranhão, Piauí, Ceará, Sergipe, Pernambuco, Alagoas, Paraná, Rio Grande do Sul, Goiás e Mato Grosso.[6]

As Constituições estaduais não faziam qualquer menção a respeito das regras para a escolha dos representantes do Legislativo estadual e dos governantes municipais, o que foi definido por legislação estadual. Infelizmente, não existe um levantamento completo dessa legislação e sabe-se muito pouco sobre os sistemas eleitorais adotados para a escolha de tais postos. Com relação aos governos municipais, fica a dúvida se o chefe do Executivo municipal era eleito pela população ou escolhido pelo Legislativo, em uma espécie de parlamentarismo municipal.

Talvez essa ausência de trabalhos mais amplos sobre as regras eleitorais da Primeira República se deva, em larga medida, a uma premissa que orientou as pesquisas do período: o sistema representativo da Primeira República estava baseado em um processo eleitoral em que as fraudes imperavam e os resultados não expressavam a vontade do eleitor, sendo fruto de manipulações perpetradas pela elite política. Dito de outra maneira, o conhecimento dos detalhes da legislação era uma tarefa secundária, já que os resultados das urnas independiam delas.

O direito de voto

Um dos primeiros decretos do Governo Provisório, promulgado quatro dias após a proclamação da República, teve um forte impacto sobre o direito de voto no Brasil.[7] Em uma única frase, seu artigo 1º aboliu o censo econômico e proibiu os analfabetos de votar, confirmando dispositivo da Lei Saraiva, que regeu a inscrição dos eleitores a partir de 1882: "Consideram-se eleitores, para as câmaras-gerais, provinciais e municipais, todos os brasileiros no gozo de seus direitos civis e políticos que souberem ler e escrever."

O texto que regulou as eleições de 1890, nas quais foram eleitos os deputados e senadores da Constituinte de 1891, reduziu para 21 anos a idade mínima para ter direito a voto (a idade não era condicionante para casados, oficiais militares, bacharéis e clérigos de ordens sacras). Estavam proibidos de votar os filhos-família de menos de 21 anos e os praças (militares de baixa patente, de soldado a sargento).[8] Outra medida importante foi a ampliação do direito de voto para os estrangeiros. Em um decreto anterior, todos os estrangeiros residentes no Brasil em 15 de novembro de 1889 passaram a ser considerados brasileiros (salvo declaração em contrário, que deveria ser feita em até seis meses), e com isso passaram a gozar dos mesmos direitos civis e políticos dos nascidos no país.[9]

A Constituição de 1891 confirmou as escolhas do Governo Provisório. Para ter direito de voto era preciso ter mais de 21 anos e ser alfabetizado. Não tinham o direito de voto os mendigos, os praças e os religiosos sujeitos ao voto de obediência. À maneira da Constituição do Império, a Carta de 1891 não vetava, em nenhum de seus artigos, o direito de voto para as mulheres. Não havia necessidade de fazê-lo, pois a política no século XIX era pensada como uma atividade eminentemente masculina.[10]

A decisão das lideranças republicanas de suspender o voto censitário se coadunava com o processo de democratização em curso em alguns países da Europa e das Américas. Nesse momento, os seguintes países já haviam suspendido qualquer exigência de renda ou propriedade para que os homens tivessem direito de voto: Uruguai (1830); Grécia (1844); Suíça (1848); França (1848); Colômbia (1853); Austrália (1856); Venezuela (1858); Equador (1861); Espanha (1869); Alemanha (1871); e Chile (1885). Nos Estados Unidos, os últimos estados a suprimir o censo econômico o fizeram na década de 1860.[11]

Na Europa, o censo literário nunca teve a mesma abrangência do censo econômico, mas foi uma característica dos países da América Latina. Entre os maiores países da região, apenas a Argentina e a Colômbia nunca utilizaram a alfabetização como critério para que os adultos tivessem direito de voto. Em todos os países o censo literário foi adotado no século XIX e abolido no século XX; a única exceção é o México, onde foi adotado em 1835 e extinto em 1857. O Brasil foi o último país latino-americano a abolir o censo literário. Antes dele, o fizeram: Bolívia (1826); Peru (1826); Uruguai (1830); Chile (1833); Costa Rica (1844); Equador (1861); El Salvador (1864); e Guatemala (1871).[12] Por conta do alto contingente de analfabetos, o censo literário constituiu-se (mesmo onde o censo econômico havia sido suspenso) em uma barreira expressiva para a ampliação do eleitorado.

O alistamento e o número de eleitores

As primeiras eleições republicanas para a Constituinte foram realizadas em 15 de setembro de 1890, apenas dez meses após a proclamação da República. Isso significa que a nova elite que assumiu o poder no país teve um prazo muito curto para alistar os eleitores e organizar o pleito. A primeira tarefa era alistar os eleitores de acordo com os novos critérios: fim do voto censitário, inclusão de estrangeiros, exigência de alfabetização e redução da idade para 21 anos.

No fim do Império o alistamento de eleitores era realizado exclusivamente pelo Poder Judiciário. Mas o primeiro alistamento da República, realizado em 1890, foi feito por uma comissão composta por representantes de diversas instituições.[13] A tarefa foi realizada em duas etapas. Inicialmente, uma comissão cadastrava os eleitores em cada um dos distritos em que o município era dividido. A Comissão Distrital era composta pelo juiz de paz mais votado do distrito, pelo subdelegado e por um cidadão indicado pela Câmara Municipal. Em seguida, as informações dos diversos distritos eram checadas por uma Comissão Municipal composta pelo juiz municipal, pelo delegado e pelo presidente da Câmara.

A comissão era responsável por alistar todos os cidadãos que preenchessem os requisitos para serem eleitores no município. Estes poderiam requerer sua inscrição individualmente na própria comissão, mas a lei garantiu que todos os cadastrados a partir de 1881 (Lei Saraiva) fossem incluídos *ex-officio* no alistamento eleitoral, desde que não tivessem perdido a capacidade política, falecido ou mudado de domicílio eleitoral. Os alistados recebiam um novo título eleitoral, mas os já alistados no Império podiam utilizar o título criado em 1881.

Não existem dados sobre o total de alistados para as eleições de 1890, por isso não sabemos se as mudanças de critérios introduzidas pelo governo republicano tiveram efeitos sobre a composição do eleitorado. A dúvida é se as medidas que podiam promover a ampliação do número de eleitores (fim do voto censitário, inclusão dos estrangeiros e redução da idade de voto) foram suficientes para compensar os efeitos da introdução da exigência de alfabetização.[14]

Uma nova lei, elaborada pelo Congresso e promulgada em 1892, manteve o alistamento em âmbito municipal, mas alterou completamente a composição da comissão responsável por realizá-lo.[15] O município passou a ser dividido em, no mínimo, quatro seções eleitorais. Cabia ao Legislativo municipal (vereadores e suplentes) a tarefa de criar as seções e eleger diversas comissões de cinco membros, cada qual com a responsabilidade de cadastrar os eleitores de uma determinada seção. Em seguida, as listagens organizadas pelas comissões eram enviadas a uma Comissão Municipal – composta pelo presidente do governo municipal (Câmara de Vereadores) e pelos presidentes das seccionais de alistamento das seções –, que era responsável por checar as informações e elaborar a lista final dos eleitores do município.

A comissão não podia eliminar os eleitores já inscritos nos alistamentos anteriores (1881 e 1890), salvo os falecidos e os que houvessem mudado de domicílio eleitoral. Os novos eleitores deveriam requerer individualmente a sua inscrição. Para tal, era preciso apresentar algum documento que comprovasse a idade e ainda demonstrar que se sabia ler e escrever, servindo de prova a assinatura no requerimento (com firma reconhecida) ou a assinatura feita no momento da solicitação. Depois de cadastrados, os eleitores recebiam um novo título eleitoral.

O título da lei de 1892 ("Estabelece o processo das eleições federais") não deixa dúvida: seu propósito era definir as regras que seriam utilizadas exclusivamente na escolha do presidente, do vice-presidente, dos senadores e dos deputados federais. Dessa forma, os estados tiveram a liberdade para adotar leis próprias para as eleições estaduais e municipais, inclusive fazendo alistamentos de eleitores específicos para essas eleições.

A Lei Rosa e Silva, de 1904, procurou unificar, já no seu primeiro artigo, o alistamento no país: "Nas eleições federais, estaduais e municipais, somente serão admitidos a votar os cidadãos brasileiros, maiores de 21 anos, que se alistarem na forma da presente lei."[16] Tal iniciativa gerou enorme controvérsia jurídica e acusações de violação da autonomia dos estados,[17] e por essa razão alguns estados ignoraram a lei de 1904 e mantiveram os seus alistamentos. O levantamento do eleitorado brasileiro publicado em 1914, por exemplo, reconheceu, oficialmente, a existência de dois eleitorados no Rio Grande do Sul: o das eleições federais e o das eleições estaduais.[18]

A mudança mais importante promovida pela Lei Rosa e Silva foi acabar com o alistamento *ex-officio*. O cidadão passou a ser obrigado a requerer sua inclusão como eleitor. As regras para a comprovação da alfabetização ficaram mais exigentes; ao solicitar sua inscrição, o cidadão tinha de escrever perante a Comissão de Alistamento o seu nome, o estado de procedência, a filiação, a idade, a profissão e o endereço de residência. A nova lei também modificou a composição da comissão responsável por alistar os eleitores. Esta passou a ser composta pelo juiz de direito, pelos quatro maiores contribuintes do município e por três cidadãos eleitos pelo governo municipal (vereadores e suplentes). Os cidadãos alistados recebiam um novo título de eleitor, que passou a ser o único aceito nas eleições. Tal medida promoveu o recadastramento de todos os eleitores brasileiros.

Somente em 1916 o Judiciário voltou a ter responsabilidade exclusiva pelo alistamento de eleitores.[19] Os cidadãos que quisessem se cadastrar deveriam enviar um requerimento ao juiz de direito do seu município. O requerimento (com letra e firma reconhecida no cartório) precisava ser escrito em língua vernácula e trazer uma série de dados: idade, naturalidade, filiação, estado civil, profissão, município e endereço de residência. Além da prova de idade e residência exigida nos alistamentos anteriores, a lei inovou ao exigir que o cidadão comprovasse "o exercício de indústria ou profissão ou de posse de renda que assegure a subsistência, diante de qualquer documento admissível em juízo". Após o alistamento, os cidadãos recebiam um novo título de eleitor (ver Imagem 4).

O cancelamento do título anterior exigiu que os eleitores fossem recadastrados novamente. A lei de 1916 fez outra mudança importante ao restringir o âmbito de sua abrangência apenas às disputas federais e para os legislativos do Distrito Federal e do então território do Acre. Tal decisão abriu novamente a possibilidade dos alistamentos estaduais.

Em 1921, um decreto presidencial tratou exclusivamente do alistamento eleitoral. Um de seus objetivos era criar um alistamento permanente, estabelecendo algumas regras para dificultar a exclusão dos eleitores já inscritos.[20] Em linhas gerais, repetia o teor das regras de 1916, mas criava um novo título eleitoral – o quarto que vigoraria durante a Primeira República.

Será que essas alterações nas formas de alistamento tiveram algum efeito sobre a composição do eleitorado nos municípios? Será que o controle do Judiciário sobre o sistema eleitoral a partir de 1916 diminuiu a influência dos grupos dominantes do município no processo de registro de eleitores? Será que as normas de alistamento eram mais respeitadas nas cidades do que nas zonas rurais? Infelizmente, não temos dados e pesquisas consistentes sobre o tema. O estudo clássico sobre as eleições do período, *Coronelismo, enxada e voto*, de Victor Nunes Leal, enfatizou, por exemplo, as fraudes no processo de votação e no reconhecimento dos eleitos, sem mencionar as "fraudes de alistamento".[21]

As estatísticas sobre as eleições realizadas na Primeira República são precárias. Por isso é difícil fazer avaliações mais cuidadosas sobre o volume de cidadãos efetivamente inscritos como eleitores e sobre quantos compareciam às urnas. Os dados mais utilizados pelos estudiosos são os das eleições presidenciais, como a listagem com os votos nacionais obtidos pelos candidatos, mas esta apresenta uma série de lacunas: não há discriminação da votação por estado (ou município), nem informação do total de votos nulos e em branco.

Em 1914, o Ministério da Agricultura, Indústria e Comércio publicou o relatório *Estatística eleitoral da República dos Estados Unidos do Brasil*, com o total de eleitores inscritos no país entre 1905 e 1912. É o único trabalho da época que traz informações de todos os municípios brasileiros. Os dados coligidos referem-se ao alistamento realizado segundo as regras da Lei Rosa e Silva, de 1904, que exigia que o eleitor requeresse o seu registro e provasse que sabia ler e escrever. No primeiro alistamento, de 1905, foram cadastrados 791 mil eleitores, o que correspondia a aproximadamente 4% da população total do país. Sete anos depois, o total de eleitores subiu para 1,3 milhão, cerca de 5% da população.[22]

O relatório de 1914 também apresentou dados sobre o total de comparecimento em duas eleições: para presidente e vice-presidente, em 1910, e para a Câmara dos Deputados e o Senado, em 1912. Nas eleições presidenciais de 1910, 707 mil eleitores compareceram para votar, número que representava cerca de 3% da população total. Na disputa de 1912 para a Câmara e o Senado, apresentaram-se 629 mil eleitores, aproximadamente 2,5% da população.[23] Uma comparação desses números com os das eleições realizadas durante a década de 1880 (vigência da Lei Saraiva) revela que, de fato, houve um aumento do contingente de adultos envolvido no processo eleitoral. Nas eleições de 1886 para a Câmara dos Deputados, última a ser realizada no Império, 117 mil eleitores foram às urnas, o que representava cerca de 1% da população.[24] Apesar desse aumento, o contingente de cidadãos que participava efetivamente do processo eleitoral continuava em patamares muito reduzidos.

Não existem dados tão detalhados para os anos seguintes. Os únicos registros referem-se aos resultados das eleições presidenciais, cujo total de comparecimento sobre a população foi: 1914 (5%); 1918 (1,5%); 1919 (1,5%); 1922 (4%); 1926 (2%); 1930 (5%).[25] A variação dos números chama a atenção. Ela pode ser fruto de dificuldades em relação à estatística eleitoral (fraudes, dados incompletos) ou de questões políticas (eleições mais disputadas, por exemplo, podem incentivar mais eleitores a votar). Ou pode se dever a uma combinação de ambos os fatores. Como já dito, por conta da precariedade de dados, não é possível tecer nenhuma explicação plausível. De qualquer modo, os dados mostram que não houve um avanço expressivo do eleitorado na segunda metade da Primeira República.

Nas quatro primeiras décadas republicanas o Brasil sofreu profundas mudanças na sua estrutura econômica, social e demográfica. A população total passou de 14,3 milhões, em 1890, para 37,6 milhões, em 1930. Nesse período, 3,5 milhões de imigrantes (sobretudo italianos, portugueses e espanhóis) entraram pelos portos brasileiros. Embora o país continuasse a ser majoritariamente rural, houve um intenso crescimento da população em algumas cidades. Por exemplo, entre 1890 e 1930, a população do Rio de Janeiro, então capital federal, passou de 522 mil pessoas para 1,5 milhão; a cidade de São Paulo, que tinha apenas 65 mil habitantes em 1890, passou a contabilizar cerca de 1 milhão em 1930.[26]

Apesar dessas mudanças, o eleitorado não cresceu significativamente, mantendo-se em patamares bastante reduzidos. Que fatores podem ter contribuído para a "estagnação" do eleitorado brasileiro em números tão baixos?

O primeiro deles é o contingente de analfabetos na população brasileira. Segundo o único Censo realizado durante o Império, em 1872, apenas 17% da população sabia ler e escrever. Esse quadro não se alterou durante os últimos anos do Império, pois o Censo de 1890 (realizado meses depois da proclamação da República) encontrou os mesmos 17% de alfabetizados. Essa taxa é calculada sobre o total da população com mais de cinco anos, o que nos impede de saber precisamente a taxa de analfabetismo adulto. Para os dois outros Censos realizados durante a Primeira República (1900 e 1920) é possível saber o percentual de jovens e adultos (quinze anos ou mais) alfabetizados. A taxa de alfabetização cresceu significativamente nos dez primeiros anos da República, chegando a 35% em 1900, mas manteve-se no mesmo patamar nos números apurados pelo recenseamento de 1920.[27] Sabemos que a taxa de analfabetismo variava entre os estados e era mais acentuada entre as mulheres, mas, para o ponto que nos interessa (definir o teto de adultos alistáveis), podemos dizer que cerca de dois terços dos adultos em idade de voto estavam excluídos do direito de voto.

Existiam, porém, outros fatores além do alto grau de analfabetismo, já que o patamar de inscritos estava muito abaixo do total de alfabetizados. Um exemplo dessa disparidade é encontrado na cidade do Rio de Janeiro, que durante toda a Primeira República tinha a maior população e o maior contingente de alfabetizados do Brasil, mas uma baixíssima taxa de alistados. Em 1906 havia cerca de 510 mil adultos na cidade – cerca de metade destes (205 mil) eram do sexo masculino. A taxa de alfabetização entre os homens era de aproximadamente 60%; portanto, o número de homens que poderia se alistar estava em torno de 123 mil. Nesse ano, havia 20 mil eleitores inscritos. Ou seja, apenas 16% dos homens alistáveis realmente se inscreveram como eleitores.[28]

O fato de o cidadão ter de voluntariamente requisitar sua inscrição (a partir de 1904) e a exigência de precisar apresentar uma série de documentos (a partir de 1916) provavelmente contribuíram para que uma parte dos eleitores não solicitasse o registro. Há de considerar, ainda, o papel das eleições no sistema representativo da Primeira República. Seja por conta das fraudes ou dos arranjos prévios entre os diversos grupos políticos, elas eram pouco competitivas. Nesse quadro, os indivíduos que não fossem vinculados a determinados grupos políticos não se sentiam motivados a coletar seus documentos e requisitar a inscrição como eleitor.

Os sistemas eleitorais

Durante o Império, os representantes foram eleitos por diferentes versões do sistema eleitoral majoritário. Esse padrão não foi alterado durante a Primeira República. Nas eleições para os legislativos das cidades, dos estados e para o Congresso Nacional, o sistema majoritário continuou a ser utilizado. A única exceção ocorreu no estado do Rio Grande do Sul, que adotou para a eleição da Assembleia Legislativa um complexo sistema eleitoral inspirado em uma versão de representação proporcional (voto único transferível).[29]

O último sistema eleitoral do Império, adotado em 1881, recortou as províncias em diversos distritos eleitorais, e em cada um deles se elegia um representante para a Câmara dos Deputados. Nas primeiras eleições para a Câmara (1890), os distritos foram suprimidos e a circunscrição eleitoral passou a ser todo o estado. Curiosamente, esse sistema era o mesmo que havia sido utilizado nas primeiras eleições imperiais.[30]

Os deputados constituintes de 1891 foram eleitos da seguinte maneira: os eleitores depositaram nas urnas uma cédula com uma lista de nomes que eles indicavam para o cargo; e havia tantos nomes quantas fossem as cadeiras do estado (e do Distrito Federal) na Câmara dos Deputados. Por exemplo: o eleitor de São Paulo votou em 22 nomes, já que este era o número de representantes do estado na Câmara.[31] Não havia inscrição prévia de candidatos ou partidos, o que significa dizer que era possível votar em qualquer eleitor residente no estado. Encerrada a votação, as mesas eleitorais apuravam os votos e enviavam a ata com os resultados para as Câmaras Municipais das capitais. Em uma data marcada (até trinta dias depois do pleito), os vereadores da capital se reuniam para fazer a apuração final, que consistia em contabilizar os votos obtidos pelos candidatos em cada mesa eleitoral do estado. Os nomes com mais votos no estado eram eleitos.

A Constituição de 1891 não especificou qual sistema eleitoral deveria ser empregado nas eleições legislativas. Em seu artigo 28º, apenas estabeleceu que, para a Câmara dos Deputados, os representantes seriam eleitos pelo voto direto, "garantida a representação da minoria". Para esse fim, os legisladores optaram por adotar versões do sistema majoritário que ampliavam as chances de representação dos grupos minoritários da política estadual. Quando a nova Constituição foi aprovada, havia um crescente movimento no meio político europeu pela adoção da representação proporcional, mas nenhum país havia adotado esse método para a escolha de deputados; o primeiro a fazê-lo foi a Bélgica, em 1899.

Em 1892, o Congresso adotou um novo sistema eleitoral para a eleição de deputados federais. Uma mudança importante foi a adoção dos distritos eleitorais. Os estados foram recortados em diversos distritos, que eram compostos pela agregação de um conjunto de municípios; a exceção era o Distrito Federal, cujo território foi dividido em três distritos eleitorais. O país foi dividido em 63 distritos eleitorais, nos quais eram eleitos, pelo sistema de maioria simples, um número variável de deputados (três, quatro ou cinco).[32]

Outra mudança importante foi a adoção do voto limitado (regra que estabelece que o eleitor deve votar em um número menor de candidatos do que o número de vagas). O voto limitado, ou voto incompleto, como ficou conhecido no meio político brasileiro, funcionava da seguinte maneira: nos distritos que elegiam três deputados, o eleitor podia votar em, no máximo, dois nomes; nos distritos que elegiam quatro ou cinco deputados, o eleitor podia votar em até três nomes. Como vimos no Capítulo 1, o voto limitado foi testado no Império na década de 1870 com o intuito de garantir a representação das minorias.

A mudança da circunscrição no âmbito estadual para o distrito eleitoral alterou o processo de contagem de votos. A mesa eleitoral continuou responsável pela apuração dos votos, que começava imediatamente após o fim da eleição. Em seguida, as atas eram enviadas para a Câmara do município sede do distrito. A apuração final devia começar em até trinta dias após as eleições e encerrar-se vinte dias depois. Os candidatos com mais votos no distrito eram eleitos.

Em 1904, a Lei Rosa e Silva promoveu duas alterações no sistema eleitoral utilizado nas eleições para deputados federais. A primeira foi a ampliação do número de representantes eleitos em cada distrito, que passou a variar entre cinco e sete. Como o total de deputados da Câmara não foi alterado, permanecendo em 212, a reforma diminuiu o número de distritos, de 63 para 41. Uma das consequências dessa diminuição é que em mais da metade dos estados (treze) a bancada passou a ser eleita em um único distrito estadual.[33] O voto limitado permaneceu: nos distritos que elegiam sete deputados, o eleitor podia votar em até seis nomes; em distritos de seis representantes podia votar em até cinco nomes; e nos distritos de cinco representantes, escolher até quatro nomes.

Outra mudança promovida pela Lei Rosa e Silva foi a introdução do voto cumulativo, que é a possibilidade de o eleitor votar mais de uma vez em um mesmo candidato. A nova regra permitia que um eleitor listasse na cédula o nome do candidato tantas vezes fosse o número de cadeiras do distrito na Câmara dos Deputados. Por exemplo, um eleitor do distrito de Leopoldina (segundo distrito de Minas Gerais), onde eram eleitos cinco deputados federais, poderia repetir o nome de um mesmo candidato até quatro vezes na cédula.

O voto cumulativo foi adotado na segunda metade do século XIX no Chile, no Peru e em eleições locais e estaduais dos Estados Unidos.[34] A premissa é que a possibilidade de o eleitor votar diversas vezes em um mesmo nome amplia as chances de os candidatos dos grupos minoritários se elegerem. Nos debates que antecederam a adoção do novo sistema eleitoral no Brasil, o deputado Rosa e Silva argumentou que a eficácia do voto cumulativo para representar as minorias ficaria garantida, caso o número dos deputados por distrito fosse aumentado.[35]

Quais foram as justificativas para a reforma de 1904, com a ampliação do distrito eleitoral e a adoção do voto cumulativo? Segundo os seus defensores na Câmara dos Deputados, o propósito era aumentar as chances de representação das minorias no âmbito do distrito. Em defesa da nova regra, Rosa e Silva apresentou no plenário da Câmara uma conta simples. Imagine um distrito eleitoral com cinco representantes, em que a maioria obtém 8 mil votos e a minoria, 2 mil. Cada eleitor vota em quatro nomes, o que garante 32 mil votos para a maioria e 8 mil para a minoria. Se dividirmos os 32 mil votos da maioria por cinco, teremos 6.400 votos. Nesse cenário, a minoria, com seus 8 mil votos, garantiria a eleição de um representante.[36] O que o deputado não disse é que a única forma de a minoria do seu exemplo realmente assegurar a cadeira seria apresentar um único candidato no distrito.[37]

A Lei Rosa e Silva manteve o mesmo processo de apuração da lei de 1892. Após o fim da votação, os votos eram contados pela mesa eleitoral. Os resultados eram enviados para a Câmara Municipal do município sede do distrito, onde eram apurados por uma junta composta por representantes do Judiciário e pelo presidente da Câmara. Os candidatos com mais votos do distrito eram eleitos. Em 1916, duas mudanças alteraram o processo de contagem final dos votos: a apuração deixou de ser realizada no município sede e passou a se dar na capital; o presidente da Câmara Municipal deixou de participar da junta, sendo substituído por um representante do Ministério Público.[38]

O sistema eleitoral adotado em 1904 durou toda a Primeira República e foi utilizado nas eleições para a Câmara dos Deputados realizadas nos seguintes anos: 1906, 1909, 1912, 1915, 1918, 1921, 1924, 1927 e 1930.

O Quadro 5 traz um resumo das principais características dos três sistemas eleitorais utilizados nas eleições para a Câmara dos Deputados realizadas entre 1890 e 1930.

QUADRO 5. Sistemas eleitorais utilizados nas eleições para a Câmara dos Deputados durante a Primeira República (1890-1930)

Quando entrou em vigência	Circunscrição eleitoral (unidade na qual os eleitores podiam escolher os seus candidatos)	Quantidade de nomes em que o eleitor podia votar	Sistema eleitoral	Número de eleições
1890	Estado	Tantos nomes quantas fossem as cadeiras do estado na Câmara dos Deputados	Maioria simples: os mais votados do estado eram eleitos	Uma
1892	Distritos plurinominais (três a cinco cadeiras em cada um)	Dois nomes em distritos de três cadeiras; três nomes em distritos de quatro ou cinco cadeiras	Maioria simples: os mais votados do distrito eram eleitos	Quatro
1904	Distritos plurinominais (cinco a sete cadeiras em cada um)	Um nome a menos do que o total de cadeiras do distrito Era permitido votar diversas vezes em um mesmo nome (voto cumulativo)	Maioria simples: os mais votados do distrito eram eleitos	Nove

As reformas eleitorais realizadas em 1892 e 1904 procuraram garantir a representação da minoria (tal como especificado na Constituição de 1891), utilizando artifícios (voto limitado e cumulativo em sistemas majoritários) já experimentados em países europeus durante o século XIX, mas abandonados por conta de sua reduzida eficácia. Ao longo do Império, a noção de maioria e minoria passou a estar associada a partidos políticos. E talvez essa fosse a inspiração dos constituintes de 1891, em que pese a indefinição do quadro partidário nos primeiros anos da República. Mas com a consolidação do unipartidarismo estadual nas três décadas seguintes, o conflito entre as elites políticas passou a ocorrer no interior das seções do Partido Republicano. Assim, representar as minorias se tornou uma garantia de que as facções minoritárias desse partido assegurariam representação.

O processo de votação e as fraudes

Desde o Império, algumas mudanças já haviam sido introduzidas na legislação eleitoral com o intuito de aumentar o sigilo de voto e diminuir as fraudes durante o processo de votação. A Lei Saraiva (1881), por exemplo, especificou que tipo de papel deveria ser utilizado para confeccionar a cédula e exigiu que esta fosse inserida em um invólucro fechado. É importante lembrar que o eleitor não preenchia a cédula no lugar de votação, ele a trazia consigo e a depositava na urna. (A Imagem 5 apresenta um exemplo de urna utilizada na época.)

Não houve alterações significativas no processo de votação durante a Primeira República. Votar significava comparecer a uma unidade eleitoral no dia das eleições, aguardar a chamada, apresentar o título, inserir a cédula na urna e assinar o livro de presença. Para cada cargo era utilizada uma cédula. Estas podiam ser manuscritas ou impressas, mas deveriam ser colocadas em um invólucro fechado. A partir de 1904, passou a ser necessário escrever na parte de fora do invólucro o cargo para o qual se estava votando.

Desde a década de 1860, o voto secreto era adotado em diversos países como mecanismo fundamental para garantir maior legitimidade às eleições. Em geral, a prática do voto secreto era acompanhada de duas medidas: a impressão de uma cédula oficial, que substituía as antigas cédulas confeccionadas e distribuídas pelos partidos; e a criação de um espaço privado, onde o eleitor deveria preencher a cédula. O objetivo dessas medidas era evitar que os eleitores fossem coagidos na sua escolha.[39]

No Brasil, a adoção do voto secreto era um tema que dividia os legisladores. A lei eleitoral de 1892 já assegurava que o "escrutínio é secreto".[40] O segredo era garantido pelo fato de o voto ter de ser colocado em um invólucro. Tal medida não evitava a coação das lideranças políticas locais, que poderiam, por exemplo, obrigar o eleitor a mostrar seu voto ou até substituir sua cédula no caminho para o local de votação. Porém, em 1904, a Lei Rosa e Silva criou um dispositivo que, na prática, abolia o voto secreto. Alternativamente ao mecanismo tradicional de depositar a cédula na urna, o eleitor poderia fazer uso de um instrumento que a legislação chamou de "voto a descoberto". Nesse caso, ele deveria trazer duas cédulas consigo. Ambas eram datadas e rubricadas pelos mesários. Uma era inserida na urna e a outra ficava com o eleitor. Ou seja, o voto a descoberto servia como uma prova de que o eleitor realmente havia votado em um determinado candidato. Em 1916, uma nova lei suspendeu o uso desse tipo de voto nas eleições federais.

É interessante observar que no começo do século XX uma parte da elite política brasileira continuava contrária à adoção do voto secreto. Para eles, o cidadão deveria se responsabilizar por suas ações, por isso o voto devia ser conhecido. O maior entusiasta da ideia era o político gaúcho Júlio de Castilhos, para quem o voto a descoberto era "o único remédio legislativo capaz de reabilitar o processo eleitoral, dignificando-o, fazendo compreender ao cidadão a responsabilidade que assume ao intervir na composição do poder público e no estabelecimento das leis".[41] O Rio Grande do Sul utilizou o voto a descoberto (compulsório) nas eleições estaduais entre 1897 e 1930.

Como vimos neste capítulo, os legisladores fizeram uma série de mudanças com o objetivo de diminuir as fraudes eleitorais. Formalmente, o alistamento prévio, a exigência de título eleitoral e o sigilo de voto deveriam garantir eleições limpas. Mas essa não é a avaliação dos estudiosos – sejam os que escreveram à época, sejam os que se dedicaram à história do período. Eles mostram a distância entre a legislação e a prática política. Nesses trabalhos, as eleições são descritas como eventos nos quais as fraudes imperavam e o uso da violência era frequente.[42] As fraudes aconteciam em todas as fases do processo eleitoral: alistamento dos eleitores, votação, apuração dos votos e reconhecimento dos eleitos. Mas dois instrumentos de falsificação eleitoral foram mais destacados pelos estudiosos: a eleição "a bico de pena" e a "degola".

Na Primeira República (assim como no Império), o processo de votação e apuração dos votos era feito de maneira descentralizada. As mesas eleitorais tinham a responsabilidade de organizar o pleito e fazer a apuração. Em seguida, as atas com os resultados eram enviadas para o município onde os resultados das diversas mesas eram contabilizados. A origem da expressão "a bico de pena" vem do Império e se refere às diversas manipulações feitas pelas mesas eleitorais na redação dessas atas (falsificação de assinaturas para contabilizar votos de eleitores que faltavam, adulteração das cédulas). No extremo, a eleição nem se realizava, cabendo aos controladores da política a feitura da ata, preenchida com dezenas de assinaturas falsas.

Já que a adulteração da ata era feita em uma única seção eleitoral, onde votavam algumas dezenas de eleitores, as lideranças estaduais precisavam garantir a adulteração de diversas seções para serem bem-sucedidas, sem contar o fato de que outras facções utilizavam mecanismos similares em outras regiões do estado. Existem muitos relatos prosaicos de indivíduos que ajudavam a fazer as atas das eleições a bico de pena, sobretudo na área rural, onde ainda se concentrava a maioria da população brasileira.[43] Mas não foram feitos estudos sistemáticos sobre as fraudes eleitorais, portanto, perguntas como as que se seguem continuam sem resposta: será que elas ocorriam em todas as eleições? A prática das atas feitas a bico de pena era comum nas grandes cidades? As fraudes nos pleitos locais e estaduais aconteciam com a mesma frequência do que no âmbito federal?

Uma etapa final em uma eleição é o reconhecimento dos eleitos. Sobretudo quando existe controvérsia acerca dos resultados, denúncias de fraudes e violência, algum órgão deve ser responsável para dirimir as dúvidas e proclamar os eleitos. No Brasil de hoje essa tarefa é realizada pela Justiça Eleitoral. Mas durante a Primeira República cabia ao Legislativo reconhecer os eleitos. Cada Casa Legislativa era responsável por reconhecer os seus representantes. Por exemplo, cabia à Câmara dos Deputados – na realidade, uma junta designada para esse fim – a tarefa de analisar as atas com os resultados, enviadas pelas juntas apuradoras dos distritos eleitorais (ou da junta apuradora da capital, a partir de 1916).

A Comissão de Verificação da Câmara dos Deputados funcionava durante os trabalhos preparatórios de cada nova legislatura. Ela recebia de cada junta apuradora dos distritos as atas com a votação final dos candidatos e eventuais contestações dos resultados eleitorais. Na maioria das vezes, a comissão acatava o resultado, mas em algumas circunstâncias alguns nomes não eram reconhecidos – tal ato ficou conhecido no meio político da época como "degola". Hipoteticamente, a Comissão de Verificação poderia funcionar de maneira equânime e eventualmente evitar que deputados que haviam fraudado as eleições nos distritos fossem eleitos. Mas não é essa a tônica dos estudos do sistema político da Primeira República; neles, a comissão é vista como um órgão eminentemente político, a serviço do governo federal, e que frequentemente cassava o mandato de deputados ligados a determinadas facções políticas.[44]

Nas treze eleições para a Câmara dos Deputados realizadas entre 1894 e 1930, 260 nomes que constavam das atas das juntas apuradoras não foram reconhecidos pela Comissão de Verificação, ou seja, uma média de vinte casos por eleição. Mas houve uma concentração de degolas particularmente em três anos: 1990 (78 casos), 1912 (quarenta casos) e 1915 (62 casos); eles respondem por 69% de todos os casos do período. Estudos mais detalhados podem apontar as razões do número concentrado de degolas em tais pleitos. Chama a atenção, ainda, o reduzido percentual de degolas a partir de 1918. Uma hipótese a ser verificada é se as mudanças introduzidas em 1916 (apuração nas capitais feita exclusivamente pelo Judiciário) tiveram algum efeito sobre a qualidade da apuração, gerando, assim, menos motivos para as degolas.

Um detalhado estudo, baseado nas justificativas apresentadas na Comissão de Reconhecimento da Câmara dos Deputados para a eliminação dos candidatos, identificou dois tipos de degolas: por contestação e por duplicata.[45] A degola por contestação acontecia quando as comissões apuradoras enviavam uma lista de eleitos maior do que o número de vagas do distrito, o que era conhecido na época como "duplicata"; em circunstâncias mais extremas, o conflito entre os grupos políticos no distrito levava à organização de mais de uma mesa de apuração, cada uma delas, obviamente, diplomando os seus candidatos. As degolas por duplicata representaram 75% dos casos (196 nomes). É interessante observar que,

Gráfico 1. Total de candidatos não reconhecidos (“degolados”) pela Comissão de Verificação da Câmara dos Deputados, segundo o tipo. Eleições do período 1894-1930

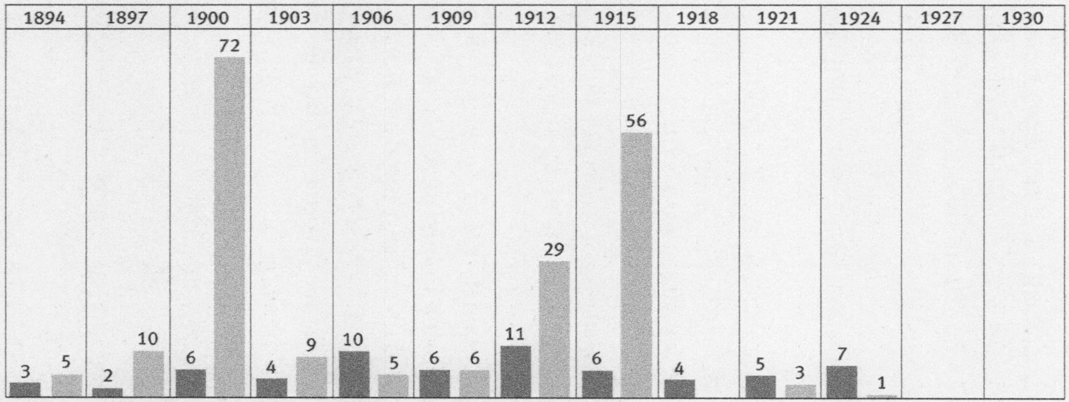

Tipo de “degola”
- contestação
- duplicatas

Fonte: P. Ricci, “A manipulação das regras e a fraude eleitoral na certificação dos resultados eleitorais”, p.36.

como havia mais nomes do que vagas, a eliminação era compulsória. O segundo tipo de degola era motivado pela contestação formal do resultado do pleito. Essa possibilidade era garantida pela legislação e foi frequentemente utilizada por grupos perdedores nas urnas.[46] Nesses casos, a Comissão de Verificação eliminava um candidato, cujo nome havia sido declarado eleito pela Comissão Apuradora, e o substituía por outro que havia contestado as eleições.

O Gráfico 1, na página anterior, apresenta o total de candidatos eliminados segundo o tipo de justificativa apresentado pela Comissão de Verificação de poderes da Câmara dos Deputados. Antes de observar os dados, vale a pena lembrar que o número total de deputados da Câmara era 212. O número de degolas por contestação é relativamente baixo, chegando a, no máximo, onze casos em 1892. Com relação às degolas por duplicata, chama a atenção o alto volume de ocorrências em apenas três anos: 1900, 1912 e 1915.

Esses resultados apontam para uma dimensão pouco explorada pelos estudiosos do tema: a Comissão de Verificação da Câmara dos Deputados também funcionava como um árbitro das contendas políticas estaduais. Claro que tal dimensão não exclui as decisões arbitrárias e o favorecimento dos interesses de determinados grupos. Dito de outra maneira: agir como árbitro não significa, necessariamente, agir de maneira equânime.

3. Dos anos 1930 ao Estado Novo (1930-1945)

Quadro geral das eleições

Em 1921, o jurista Augusto Tavares de Lira fez o seguinte balanço das reformas eleitorais instituídas no Brasil:

> Quem estuda a nossa história política sabe que temos experimentado tudo, absolutamente tudo que se encontra na legislação dos países cultos para chegar à solução do problema eleitoral, que vem a ser alistamentos regulares, eleições reais, apurações verdadeiras; e que sobre o voto temos ensaiado todos os sistemas conhecidos, com exceção do voto obrigatório, do voto proporcional e do voto das mulheres.[1]

Uma década depois, esses três últimos itens mencionados pelo jurista foram justamente os principais tópicos das reformas implementadas no país.

Uma das primeiras medidas adotadas pelos dirigentes que assumiram o poder em outubro de 1930 foi afastar de seus cargos todos os políticos eleitos na Primeira República. Um decreto de novembro estabeleceu que o Governo Provisório exerceria "discricionariamente" as funções e atribuições dos poderes Executivo e Legislativo até que a Constituinte estabelecesse a reorganização constitucional no país.[2] O decreto assegurou que a Constituição Federal e as Constituições dos estados continuassem em vigor, mas dissolveu o Congresso Nacional, as Assembleias Legislativas Estaduais e as Assembleias Municipais. Os governadores dos estados foram substituídos por interventores nomeados pelo Governo Provisório. Em cada estado, o interventor passou a nomear os interventores municipais, que substituíram os prefeitos (ou intendentes).

Com a dissolução dos Legislativos no âmbito federal, estadual e municipal, e com a ocupação da chefia do Executivo (também nos três níveis) por nomes que não haviam disputado eleições, o Governo Provisório promoveu uma profunda intervenção no sistema político. Pela primeira vez, desde a promulgação da Constituição de 1824, todos os postos de poder no país foram ocupados por políticos não eleitos. Esse quadro perdurou até novembro de 1933, quando tiveram início os trabalhos da Assembleia Constituinte, eleita no ano anterior.

Durante as eleições presidenciais de 1930, um dos temas privilegiados pela campanha da Aliança Liberal – coalizão de partidos e de lideranças políticas estaduais que apoiaram a candidatura de Getulio Vargas – foi a defesa de uma profunda reforma do processo eleitoral envolvendo, particularmente, a adoção do voto secreto e a criação da Justiça Eleitoral. A questão mereceu uma atenção especial do Governo Provisório, que criou, em dezembro de 1930, uma comissão com a incumbência de estudar e propor a reforma da lei e dos processos eleitorais.[3]

A comissão era composta por três estudiosos do tema: Assis Brasil, político gaúcho, dirigente do Partido Libertador e principal defensor da adoção da representação proporcional no país; João Cabral, professor da Faculdade de Direito da Universidade Federal do Rio de Janeiro e autor de estudos sobre representação política; e Mario Pinto Serva, promotor paulista e um dos fundadores do Partido Democrático de São Paulo. A comissão trabalhou ao longo de 1931, quando recebeu uma série de subsídios de juristas e políticos (inclusive de Vargas).[4] O trabalho culminou com a elaboração do Código Eleitoral, que seria promulgado em fevereiro de 1932.[5]

O novo Código promoveu uma série de mudanças nas instituições eleitorais do país, entre as quais destacam-se: a extensão do direito de voto às mulheres, a criação da Justiça Eleitoral, a adoção do voto secreto e da representação proporcional e a exigência de que partidos e candidatos fossem registrados antes do dia das eleições. Para os observadores da época, a nova legislação conseguiu promover eleições limpas, com fraudes circunscritas apenas a determinadas áreas do país.

Em dois períodos da história política brasileira o Poder Judiciário já havia recebido a incumbência de organizar o processo eleitoral: no fim do Império (1881-89) e nos quinze anos finais da Primeira República (1916-30). O Código Eleitoral de 1932 inovou ao criar a Justiça Eleitoral, que passou a ser responsável por todas as fases do processo eleitoral: alistamento dos eleitores, inscrição de partidos e candidatos, organização da logística do pleito, apuração dos votos e diplomação dos eleitos. A estrutura da Justiça Eleitoral espelhou a do Judiciário, com uma instância federal (Tribunal Superior Eleitoral), órgãos estaduais (Tribunais Regionais) e juízes eleitorais nas comarcas e nos distritos.

Em 16 de julho de 1934 foi promulgada uma nova Constituição, que estabeleceu as regras para as eleições de uma série de cargos,[6] entre os quais o de presidente da República. No dia seguinte, a Assembleia elegeu Getulio Vargas para ocupar a Presidência até o dia 3 de maio de 1938. As eleições diretas para a escolha do sucessor de Vargas estavam previstas para acontecer 120 dias antes do término de seu mandato.

No dia 14 de outubro de 1934, houve eleição para a Câmara dos Deputados e para as Assembleias Constituintes dos estados. Estas últimas, assim que foram empossadas, elegeram os governadores e dois senadores. Esse foi o único pleito realizado durante a curta vigência da Carta de 1934, já que em 10 de novembro de 1937 um golpe de Estado comandado por Vargas instituiu o regime autoritário conhecido como Estado Novo. Durante esse período, os partidos foram extintos; o Congresso Nacional, as Assembleias Legislativas e as Câmaras Municipais foram dissolvidos; e as eleições foram suspensas.[7] Por onze anos – de outubro de 1934 a dezembro de 1945 – não foram realizadas eleições no país. Paradoxalmente, após criar as condições para a realização de eleições limpas e garantir que as mulheres pudessem votar, o país ficaria o mais longo período de sua história sem eleições.

O direito de voto

O Código Eleitoral de 1932 introduziu duas mudanças fundamentais: a extensão do sufrágio às mulheres e a obrigatoriedade do alistamento e do voto. As mulheres tiveram esse direito assegurado por intermédio de um artigo singelo: "É eleitor o cidadão maior de 21 anos, sem distinção de sexo, alistado na forma deste código."[8]

Em alguns países (particularmente o Reino Unido e os Estados Unidos), o direito de voto para as mulheres foi antecedido de um amplo movimento sufragista. No Brasil isso não aconteceu. Durante os anos 1920 houve algumas iniciativas isoladas que garantiram que algumas mulheres pudessem votar. Mas essas iniciativas não configuraram um movimento social organizado.[9] É interessante observar que as duas decisões mais importantes para a ampliação do sufrágio no Brasil – o fim do voto censitário (1889) e o voto feminino (1932) – decorreram de decretos expedidos por governos provisórios e não de deliberações tomadas pelo Legislativo.

O sufrágio feminino foi adotado inicialmente em dois países da Oceania: na Nova Zelândia, em 1893, e na Austrália, em 1902. Ao longo das três primeiras décadas do século XX, outros países da Europa e da América do Norte o adotaram: Finlândia (1906); Noruega (1915); Canadá, Dinamarca e Alemanha (1918); Áustria e Holanda (1919); Estados Unidos (1920); Suécia (1921); Irlanda (1923); Reino Unido (1928); e Espanha (1931). Na América Latina, apenas o Equador (1929) concedeu o direito de voto às mulheres nesse período. Em termos comparativos, a adoção do sufrágio feminino no Brasil aconteceu relativamente cedo, antecedendo países importantes como França, Itália, Japão, Bélgica, Argentina e Chile, que o fizeram apenas na década de 1940.[10]

O Código Eleitoral de 1932 estabeleceu, pela primeira vez na República, sanções para os eleitores que não fossem alistados. O cidadão era obrigado a apresentar o título de eleitor para desempenhar emprego público ou profissões para as quais se exigia a nacionalidade brasileira e ainda para provar a identidade em todos os casos exigidos pela legislação. Essas normas não valiam para as mulheres e para os maiores de sessenta anos, o que significa dizer que para eles o alistamento era facultativo.

A Constituição de 1934 reconheceu formalmente o papel da Justiça Eleitoral, confirmou o sufrágio feminino e reduziu a idade mínima para poder votar de 21 para dezoito anos. Os praças (salvo sargentos e alunos de escolas militares) e os analfabetos continuaram excluídos do processo eleitoral. Segundo o jurista João Cabral, um dos redatores do Código de 1932,

> são óbvios os motivos pelos quais devemos manter a exclusão dos analfabetos do exercício do voto. Eles não poderão expressá-lo como quer a ciência e a técnica eleitorais. Admiti-los seria quebrar os princípios fundamentais do sigilo e, portanto, a liberdade do voto.[11]

Outra mudança introduzida pela Carta de 1934 – e que se tornaria uma marca da história institucional do país – foi a obrigatoriedade de alistamento e de voto. A obrigatoriedade se aplicava a homens e mulheres que exercessem funções públicas remuneradas; o alistamento e o voto eram facultativos para os militares, magistrados e cidadãos com mais de sessenta anos. Uma lei de 1935 definiu as punições para quem não se alistasse nem comparecesse para votar: o cidadão sem o título de eleitor não poderia exercer cargo público nem provar identidade e ainda era obrigado a pagar multa anual; os que faltassem às eleições e não provassem justo impedimento teriam de pagar multa do mesmo valor.[12] Essas normas podem ter colaborado para a ampliação do eleitorado nos anos 1936 e 1937, mas tiveram pouco efeito sobre o sistema representativo, já que as últimas eleições do período aconteceram em 1934.

O alistamento e o número de eleitores

Como vimos no Capítulo 2, durante a maior parte da Primeira República (1906-30) o alistamento foi realizado por iniciativa do cidadão. Este deveria procurar o órgão responsável com os documentos exigidos para poder receber o título de eleitor. O Código Eleitoral de 1932 manteve o alistamento por iniciativa do eleitor, mas adotou simultaneamente o alistamento *ex-officio*. Os chefes das repartições públicas (civis ou militares), diretores de escola, presidentes da Ordem dos Advogados e chefes das seções onde se registravam, diplomas e firmas sociais eram obrigados, nos quinze dias imediatos à abertura do alistamento, a apresentar ao juiz eleitoral o nome de todos os cidadãos qualificáveis. Assim, podiam ser registrados: magistrados, militares, professores, profissionais com diploma científico, comerciantes com firma registrada, reservistas alistados em anos anteriores.[13] Após alistados, os eleitores recebiam um título que, pela primeira vez, trazia uma fotografia (ver Imagem 6).

Com a extensão do direito de voto às mulheres, a introdução do alistamento *ex-officio* e as sanções para os eleitores que não tivessem título de eleitor, a expectativa era de que haveria um crescimento acentuado do eleitorado, o que não se verificou. O total de eleitores inscritos para participar das eleições de 1933 foi de apenas 1,44 milhão (aproximadamente 4% da população total do país). Infelizmente, não temos como fazer uma comparação cuidadosa com o eleitorado dos anos finais da Primeira República, e a razão é simples: durante a década de 1920 não foi realizado nenhum Censo nacional do eleitorado. O último levantamento detalhado de eleitores em âmbito nacional, feito em 1912, contou

GRÁFICO 2. Percentual de eleitores sobre a população por unidade da Federação. Brasil, 1933 e 1934

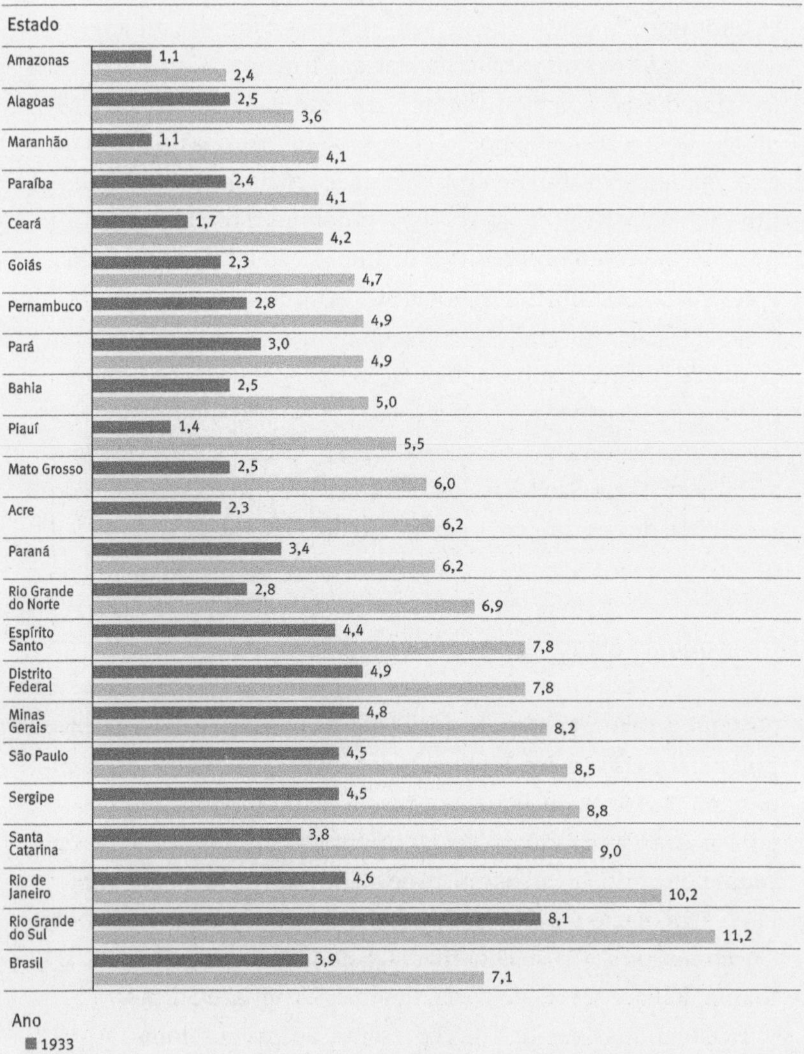

Fonte: Eleitorado: *Anuário estatístico do Brasil*, 1950. População: dados projetados a partir dos Censos de 1920 e 1940.

1,29 milhão de eleitores, número que representava cerca de 5% da população brasileira naquele ano.

Não existem estudos sobre o processo de alistamento durante os anos 1930. Particularmente, não sabemos quantas mulheres realmente se alistaram para participar da primeira eleição (maio de 1933) em que elas puderam votar e ser candidatas. Um dado a ser destacado é o crescimento do eleitorado inscrito nas eleições do ano seguinte (outubro de 1934). Em pouco mais de um ano houve um incremento significativo (85%) no número total de eleitores, que chegou a 2,66 milhões (7% da população total). O Gráfico 2 apresenta uma comparação dos eleitores inscritos em todas as unidades da Federação em 1933 e 1934. Os números representam o percentual de eleitores sobre a população total daquele ano. Embora o ritmo de incorporação eleitoral tenha acontecido de maneira desigual (o volume de inscritos em 1934 variou de 2,4% no Amazonas a 11,2% no Rio Grande do Sul), houve um crescimento do percentual de inscritos em todos os estados e no Rio Grande do Sul.

Os sistemas eleitorais

Durante a segunda metade do século XIX, a representação proporcional passou a ser defendida por intelectuais e alguns partidos políticos (particularmente de esquerda) como a melhor opção para garantir a representação das minorias. Nas três primeiras décadas do século, diversos países adotaram-na nas eleições para o Legislativo nacional: Alemanha, Áustria, Bélgica, Bulgária, Chile, Checoslováquia, Cuba, Dinamarca, Estônia, Holanda, Irlanda, Lituânia, Itália, Suécia, Noruega, Polônia, Uruguai e Suíça.[14]

Existem duas versões de representação proporcional. A primeira delas, conhecida como STV (do inglês *single transferable vote*), foi inventada na década de 1850 e teve grande influência no debate político do Reino Unido e na Irlanda. A segunda versão, a representação proporcional de lista, surgiu na década de 1880 e passou a ser a alternativa preferencial dos defensores da representação proporcional na Europa e na América Latina.[15]

No Brasil foram poucos os políticos e publicistas que defenderam a adoção da representação proporcional. Durante o Império, o maior entusiasta da ideia era o romancista e deputado José de Alencar. Em *O systema representativo*, de 1868, ele apresentou uma proposta de reforma eleitoral que mantinha o voto indireto mas procurava distribuir as cadeiras proporcionalmente à votação obtida pelos partidos (um modelo próximo da representação proporcional de lista). O maior defensor da representação proporcional durante a Primeira República foi o político gaúcho Joaquim de Assis Brasil. Seu livro, *Democracia representativa: do voto e do modo de votar*, de 1893, sugeria a criação de um sistema eleitoral singular, diferente dos dois modelos já adotados em alguns países. O livro de Assis Brasil foi reeditado em 1931, e o modelo de sistema eleitoral proposto por ele se tornou a principal referência para a comissão responsável pela reforma da legislação eleitoral.

O capítulo II do Código de 1932, que trata do novo sistema eleitoral, tem como título "Da representação proporcional". Mas o mais correto é caracterizá-lo como um modelo misto, já que combina aspectos proporcionais (distribuição de cadeiras de acordo com a votação obtida por partidos e listas de candidatos) e majoritários. O território do estado passou a ser a circunscrição eleitoral, substituindo os distritos eleitorais da Primeira República. A dimensão proporcional foi garantida pela criação de uma cota de votos (quociente eleitoral) que cada lista de candidatos deveria ultrapassar para garantir uma cadeira; as cadeiras não ocupadas após essa distribuição (as sobras) eram preenchidas pelos nomes (independentemente do partido) que tivessem mais votos no estado. Tal sistema foi utilizado em duas oportunidades: nas eleições de maio de 1933 para a Assembleia Constituinte e nas eleições de outubro de 1934 para a Câmara dos Deputados e Assembleias Constituintes dos estados.

No dia das eleições, o eleitor deveria levar uma cédula com uma lista de nomes datilografados ou impressos. Podiam-se listar tantos nomes quantas fossem as cadeiras do estado na Câmara dos Deputados mais um. Por exemplo, em um estado com quatro representantes, o eleitor poderia apresentar até cinco nomes. A apuração acontecia em duas etapas. Na primeira, chamada de primeiro turno, distribuíam-se as cadeiras entre as listas de acordo com o quociente eleitoral. Na segunda etapa, o segundo turno, as cadeiras restantes eram distribuídas pela regra majoritária.

Vejamos um exemplo de como o sistema eleitoral criado pelo Código de 1932 funcionava. Imagine uma eleição para ocupar nove cadeiras, na qual concorrem quatro partidos (Autonomista, Republicano, Aliança Social e Liberal) e mais dois candidatos avulsos (João e Maria). O total de votos obtidos pelos partidos e candidatos avulsos é o seguinte:

Partido (ou candidatos)	Votos	%
Partido Autonomista	31 mil	49,2
Partido Republicano	11 mil	17,5
Aliança Social	6 mil	9,5
Partido Liberal	2 mil	3,2
Candidato avulso (João)	7.500	11,9
Candidato avulso (Maria)	5.500	8,7
Total de votos	63 mil	100

O primeiro passo é calcular o quociente eleitoral, que é o resultado da divisão do total de votos pelo número de cadeiras: 63 mil votos ÷ 9 = 7 mil votos. Em seguida, o total de votos de cada partido é dividido pelo quociente eleitoral. Cada vez que o partido ultrapassar o quociente é uma cadeira que ele elege. O Partido Republicano, por exemplo, com 11 mil votos, elegeu um deputado, pois ultrapassou o quociente (7 mil votos) uma única vez.

Depois dessa distribuição, o total de cadeiras obtidas pelos partidos é o seguinte: Partido Autonomista (quatro cadeiras); Partido Republicano (uma cadeira). A legislação assegurava que estaria eleito o candidato não inscrito em um partido (avulso) que atingisse o quociente eleitoral. No exemplo, o candidato João, com 7.500 votos, foi eleito. Portanto, seis cadeiras foram preenchidas após o fim do primeiro turno de apuração.

As seis cadeiras do primeiro turno seriam ocupadas pelos nomes mais votados de cada lista: os quatro mais votados do Partido Autonomista, o mais votado do Partido Republicano e o candidato avulso (João).

Em seguida, começava a apuração do segundo turno. No exemplo, três cadeiras restaram para ser ocupadas nessa fase. As cadeiras do segundo turno são ocupadas pela regra da maioria simples: são eleitos os três nomes da circunscrição eleitoral não eleitos no primeiro turno que receberam mais votos. Eles poderiam ser de qualquer partido ou mesmo um dos candidatos avulsos. No exemplo, como o total de votos do Partido Autonomista é muito superior aos demais, ele ficou com as três cadeiras.

A distribuição final de cadeiras seria a seguinte:

Partido (ou candidatos)	Cadeiras	% Cadeiras	% Votos
Partido Autonomista	7	77,8	49,2
Partido Republicano	1	11,1	17,5
Aliança Social	–	–	9,5
Partido Liberal	–	–	3,2
Candidato avulso (João)	1	11,1	11,9
Candidato avulso (Maria)	–	–	8,7
Total de votos	9	100	100

Pela primeira vez na história eleitoral brasileira a legislação exigiu que candidatos fossem registrados previamente às eleições.

Os partidos, alianças de partidos ou grupos de cem eleitores deviam registrar a lista de seus candidatos (que deveria receber uma legenda) no Tribunal Regional Eleitoral (TRE) até cinco dias antes do pleito. Um candidato registrado que não constasse de nenhuma das listas era considerado avulso. Nas eleições de maio de 1933, 104 listas de candidatos foram registradas (uma média de quatro listas por unidade da Federação). Essas organizações tinham abrangência estritamente estadual.[16]

O sistema eleitoral inventado por Assis Brasil e adotado no Código de 1932 revelou-se excessivamente complexo. Diversos tópicos geraram controvérsias, particularmente no tocante às regras para o cálculo do quociente eleitoral, à forma de apurar os votos dos candidatos avulsos e à diferença entre o primeiro e o segundo turno. Em muitos estados o processo de apuração foi lento, o que atrasou demasiadamente a proclamação final dos resultados.[17]

A complexidade do sistema eleitoral de 1932 – sem sombra de dúvidas o mais ininteligível da história política brasileira – foi a principal motivação para, em 1935, o Congresso aprovar um outro sistema eleitoral, agora integralmente proporcional. A nova versão era semelhante à que seria adotada no país em 1950 (ver detalhes no Capítulo 4). No lugar de votar em uma lista, o eleitor passaria a escolher um único nome (ou, alternativamente, uma legenda). No entanto, por conta da suspensão de eleições durante o Estado Novo (1937-45), o sistema eleitoral criado em 1935 não chegou a entrar em vigor.

Em nenhum aspecto o Código Eleitoral de 1932 inovou tanto quanto na criação da representação corporativa. A Assembleia Constituinte foi composta por 254 deputados, 214 deles eleitos segundo o sistema eleitoral misto detalhado nos parágrafos anteriores, e por quarenta representantes eleitos por sindicatos legalmente reconhecidos e associações de profissionais liberais e de funcionários públicos. A Carta não faz menção à representação profissional, salvo em um artigo sobre as disposições transitórias que menciona o número de representantes que cada estado teria na Assembleia Constituinte.[18] O tema não havia sido discutido durante os trabalhos da comissão nem fazia parte da versão aprovada por seus membros. Quem a defendeu explicitamente no começo dos anos 1930 foi o Clube 3 de Outubro, grupo organizado pelos líderes do movimento conhecido como tenentismo, que participaram ativamente do debate público do período.[19]

O sistema de escolha dos representantes profissionais era indireto. Inicialmente, os associados dos sindicatos e das associações legalmente constituídas escolhiam por escrutínio secreto os seus delegados. Os delegados de diversos sindicatos e associações se reuniam na Capital Federal para escolher os representantes que participariam da Constituinte. Os representantes dos empregados, por exemplo, foram eleitos em 20 de julho de 1933, em reunião presidida pelo ministro do Trabalho, Indústria e Comércio. Os quarenta representantes profissionais foram distribuídos da seguinte maneira: dezoito dos empregados, dezessete dos empregadores, três das profissões liberais e dois dos funcionários públicos.[20]

A Constituição de 1934 manteve os dois modelos de escolha de representantes. A Câmara dos Deputados seria composta por deputados eleitos pelo sistema proporcional e por representantes profissionais eleitos por sindicatos e associações. Estes deveriam representar os seguintes segmentos: lavoura e pecuária; indústria, comércio e transporte; profissões liberais e serviço público.[21] Nas eleições realizadas em outubro de 1934 para a Câmara dos Deputados foram eleitos trezentos deputados (250 pelos eleitores e cinquenta pelos sindicatos e associações).

O processo de votação e as fraudes

O Código de 1932 promoveu algumas mudanças no processo de votação. A primeira delas foi a criação de um espaço particular para votar, que a legislação chamou de gabinete indevassável. (A Imagem 7 mostra uma das versões de gabinete admitido.) O eleitor, depois de ter sua identidade checada (agora facilitada pela fotografia impressa no título), recebia a sobrecarta (envelope) oficial, que era numerada no ato, e dirigia-se ao gabinete, cuja porta ou cortina deveria se cerrar depois de sua entrada. Nesse recinto, o eleitor tinha um minuto para depositar a cédula (que devia ser impressa ou datilografada em papel branco) na sobrecarta. Ao sair, o eleitor depositava a sobrecarta na urna. Mas, antes, a mostrava aos mesários e fiscais, para que estes checassem que era a mesma que ele havia recebido. Os candidatos e os partidos poderiam enviar as cédulas impressas aos Tribunais Regionais Eleitorais ou aos juízes eleitorais, para que elas estivessem disponíveis no gabinete de votação.

Outra mudança significativa foi que a apuração deixou de ser realizada pela mesa logo após a eleição, procedimento que vigorou ao longo da Primeira República e era motivo de inúmeras críticas. Encerrada a votação, as urnas eram lacradas e enviadas para a capital do estado, onde eram apuradas pelos Tribunais Regionais Eleitorais. A apuração começava no dia seguinte ao pleito e devia se encerrar em até trinta dias. O jurista João Cabral destacou a importância dessa inovação para reduzir as fraudes eleitorais:

> Nenhuma parte da grande reforma trazida à legislação brasileira pelo Código Eleitoral tem ocasionado mais discussão do que esta do processo de apuração. É que neste processo está uma das molas reais do sistema, que visa evitar a simulação e a fraude – os grandes males de outrora. Em primeiro lugar, não se deixa que, nas seções

> perante mesas espalhadas pelo interior do país, entregues a mandões de aldeia, mal fiscalizadas, se consuma tal simulação, ou fraude, sem deixar vestígios para serem comprovados e punidos. Imitando o sistema argentino, concentra-se tudo nas capitais, onde a fiscalização é muito mais fácil, e entrega-se a delicada tarefa aos TRs, que realizarão simultaneamente o exame, a apuração e o julgamento das eleições, e a proclamação definitiva dos eleitos.[22]

A criação da Justiça Eleitoral e as novas mudanças no processo de votação atingiram o objetivo de tornar as eleições limpas (muito embora as fraudes e as coerções tenham continuado, sobretudo no interior do país), como constava do programa da Aliança Liberal. As eleições realizadas sob a égide da nova legislação (1933 e 1934) foram reconhecidas pelos estudiosos da época como um grande avanço em relação à prática eleitoral da Primeira República.[23] No dizer do deputado e estudioso Domingos Velasco: "O Código de 1932 veio libertar-nos de uma situação vexatória."[24]

4. Do fim do Estado Novo ao golpe militar (1945-1964)

O quadro geral das eleições

O ano de 1945 foi marcado por uma série de medidas para a redemocratização do Brasil. A mais importante foi a convocação de eleições para a Presidência da República e para o novo Congresso Nacional (Câmara dos Deputados e Senado), que se reuniria com o propósito de elaborar outra Constituição para o país. Em maio, o presidente Getulio Vargas emitiu um decreto-lei[1] regulamentando as eleições marcadas para dezembro que passou a ser conhecido como Lei Agamenon, uma vez que o então ministro da Justiça, Agamenon Magalhães, foi o maior responsável por sua elaboração.

O texto dessa lei foi fortemente inspirado pelos Códigos Eleitorais de 1932 e de 1935. As escolhas institucionais feitas pelos legisladores nos anos 1930 em linhas gerais se confirmaram: manutenção da Justiça Eleitoral como organismo responsável por todas as fases do processo eleitoral; duas formas de alistamento eleitoral (*ex-officio* e por iniciativa do eleitor); obrigatoriedade de alistamento e de voto; eleições majoritárias para a Presidência da República e o Senado e proporcionais para a Câmara dos Deputados. Uma diferença é que a Lei Agamenon conferiu uma importância muito maior aos partidos do que a legislação anterior.

O Código Eleitoral de 1932 havia permitido que quatro tipos de "atores" pudessem ser registrados para participar das eleições: partidos, alianças de partidos, grupos de eleitores (no mínimo, cem) e candidatos avulsos. A única exigência é que os candidatos fossem registrados até cinco dias antes do pleito. A Lei Agamenon, porém, acabou com a possibilidade de que candidatos avulsos e grupos de eleitores pudessem concorrer e limitou a inscrição a candidatos registrados pelos partidos (ou alianças de partidos), sendo que o registro das candidaturas deveria se dar em até quinze dias antes das eleições.

Com relação aos partidos, a nova lei introduziu duas mudanças importantes. A primeira foi a necessidade de registro no TSE. Pelo Código de 1932, os partidos constituíam-se como associações civis e apenas comunicavam sua existência ao TSE. Como era possível participar das eleições sem pertencer a partidos, o registro tinha pouca importância. Pela nova legislação, os partidos, após constituírem-se como associações civis, deveriam solicitar seu registro no TSE. Com a exigência de que os candidatos fossem apresentados por um dos partidos, o registro passou a ser decisivo.

A segunda mudança foi a definição de um critério de abrangência nacional como condição necessária para o registro partidário. Os partidos precisavam obter o apoio de 10 mil eleitores distribuídos por pelo menos cinco circunscrições eleitorais (estados e Distrito Federal).[2] Em 1950, uma nova lei tornou mais rigorosos os critérios para a organização de partidos: 50 mil eleitores distribuídos por pelo menos cinco circunscrições, com, no mínimo, mil eleitores em cada uma.[3] Apenas vinte partidos participaram das eleições entre 1945 e 1962.[4] Trata-se de um número bastante reduzido, em comparação com as dezenas de organizações envolvidas nas eleições legislativas de 1933 e 1934.

A Constituição de 1946 estabeleceu ainda um critério ideológico para o registro de partidos: "É vedada a organização, o registro ou o funcionamento de qualquer partido político ou associação, cujo programa ou ação contrarie o regime democrático, baseado na pluralidade dos partidos e na garantia dos direitos fundamentais do homem."[5] Esse artigo teria uma importância particular na competição partidária do período, já que foi com base nele que o Tribunal Superior Eleitoral (TSE) decidiu cassar o registro do Partido Comunista do Brasil (PCB).[6]

O PCB, criado em 1922, havia obtido o registro definitivo no TSE em novembro de 1945. Nas eleições daquele ano conseguiu uma boa votação: 9% dos votos para a Câmara dos Deputados e 10% para a Presidência da República. A cassação baseou-se em duas acusações que chamaram a atenção dos vínculos do partido com a União Soviética e denunciaram sua suposta atuação "nefasta, insuflando luta de classes, fomentando greves, procurando criar ambiente de confusão e desordem".[7] Em uma das mais controversas decisões da história do TSE, o registro do PCB foi cassado por três votos contra dois. Assim, os catorze deputados federais e um senador eleitos pelo partido em 1945 perderam seus mandatos. Nas eleições estaduais de 1947 houve eleição para preenchimento desses quinze postos.

A Constituição de 1946 manteve a tradição, inaugurada pela Carta de 1891, de voto direto para presidente e vice-presidente da República, mas não adotou o dispositivo que previa a escolha pelo Congresso entre os dois nomes mais votados nos casos em que um dos candidatos não obtivesse a maioria absoluta dos votos. Presidente e vice-presidente eram escolhidos simultaneamente (120 dias antes do fim do termo presidencial) para um mandato de cinco anos, mas o eleitor podia votar em nomes de partidos diferentes para os dois cargos. A Constituição vetou a possibilidade de reeleição imediata de presidente, governadores de estado e prefeitos.

A Carta definiu um novo arranjo para a escolha do Congresso Nacional (formado pela Câmara dos Deputados e pelo Senado) que perdura até hoje. O texto definiu as funções das duas Casas. A Câmara dos Deputados é composta por "representantes do povo" eleitos pelo sistema proporcional para mandatos de quatro anos. O Senado é composto por "representantes dos estados" eleitos segundo o princípio majoritário para mandatos de oito anos.[8] Cada estado e o Distrito Federal elegiam três senadores. A renovação era feita de maneira alternada, a cada quatro anos; em uma eleição era eleito um senador, na seguinte eram eleitos dois.

O primeiro passo para que os principais postos do sistema representativo brasileiro fossem ocupados por nomes eleitos foi dado em dezembro de 1945, com a eleição de um novo presidente e de deputados federais e senadores, cuja primeira tarefa foi elaborar uma nova Constituição. O processo continuaria em janeiro de 1947, com a eleição direta dos governadores e deputados estaduais, estes últimos responsáveis pela redação das Constituições dos estados.[9] O ciclo se fecharia com a escolha de novos prefeitos e vereadores; os pleitos municipais aconteceram entre setembro de 1947 e março de 1948, com datas diferentes definidas pelas Constituições dos estados.[10]

É interessante observar que a Constituição de 1946, à maneira das Cartas de 1891 e 1934, não definiu as regras para a escolha de representantes no plano subnacional. Nas primeiras eleições realizadas para chefes de governo no âmbito estadual, em 1947, os governadores foram eleitos pelo sistema de maioria simples, o mesmo utilizado nas eleições presidenciais de 1945. Mas a legislação inovou ao adotar um sistema proporcional de lista fechada nas eleições para as Assembleias (ver mais detalhes a seguir, na seção "Os sistemas eleitorais").

Em 1950, o Congresso promulgou um novo Código Eleitoral que, pela primeira vez na história da República, adotou sistemas eleitorais iguais para cargos equivalentes nos três níveis da estrutura federal: a representação proporcional para a Câmara dos Deputados, as Assembleias Legislativas e as Câmaras Municipais e a regra majoritária para a eleição de presidente, vice-presidente, governadores, vice-governadores, prefeitos e vice-prefeitos.[11]

As Constituições estaduais tiveram autonomia para definir dois aspectos importantes da vida eleitoral da República em 1946. O primeiro aspecto foi a duração do mandato de governador. Nove estados optaram pelo mandato de cinco anos, o mesmo período do mandato presidencial. Os governadores dos seguintes estados foram eleitos em 1950, 1955 e 1960 para um mandato de cinco anos: Pará, Maranhão, Rio Grande do Norte, Paraíba, Alagoas, Minas Gerais, Paraná, Santa Catarina e Mato Grosso. As Constituições dos seguintes estados optaram por mandatos de quatro anos, o que fez com que as eleições dos governadores coincidissem com as das Assembleias Legislativas (1950, 1954, 1958 e 1962): Amazonas, Piauí, Ceará, Pernambuco, Sergipe, Bahia, Espírito Santo, Rio de Janeiro, São Paulo, Rio Grande do Sul e Goiás.[12] O estado da Guanabara, criado em 1960, instituiu o mandato de cinco anos para governador.

Outro aspecto definido pelas Constituições estaduais foi a organização da vida eleitoral nos municípios. Elas tiveram autonomia para definir a duração dos mandatos dos prefeitos e das Câmaras Municipais. Em apenas quatro estados o mandato dos prefeitos durava cinco anos (Maranhão, Rio Grande do Norte, Alagoas e Santa Catarina); em todos os outros era de quatro anos.[13]

Já os vereadores eram eleitos para mandatos de quatro anos em todos os estados. Após a promulgação das Constituições estaduais, dois calendários passaram a coexistir nas eleições para as Câmaras Municipais. Um grupo de estados realizou eleições em 1951, 1955, 1959 e 1963: Amazonas, Paraíba, Pernambuco, Alagoas, São Paulo, Paraná e Rio Grande do Sul. Em outros estados elas ocorreram em 1950, 1954, 1958 e 1962: Pará, Maranhão, Piauí, Ceará, Rio Grande do Norte, Sergipe, Bahia, Espírito Santo, Rio de Janeiro, Santa Catarina, Minas Gerais, Goiás, Mato Grosso e Distrito Federal (neste, somente até 1958).[14]

Entre dezembro de 1945 e março de 1964, o Brasil experimentou uma fase inédita em sua história eleitoral. Em uma série de aspectos, a política nessas duas décadas se distinguiu das fases anteriores. Quatro desses aspectos devem ser destacados: escolha via eleições diretas dos principais postos de governo nas três esferas da Federação (União, estados e municípios); organização de um sistema de eleições no qual os partidos eram reconhecidos como unidades fundamentais; eleições limpas, cujos resultados foram apenas marginalmente afetados por fraudes; incorporação de um número expressivo de adultos com idade suficiente para votar (mais de um quarto dos adultos).

Não é tarefa simples classificar o regime que vigorou nessas duas décadas. Por um lado, os sinais de democratização eram mais que evidentes: organização de eleições regulares, competitivas e razoavelmente limpas (particularmente a partir do final dos anos 1950); número crescente de adultos incorporados como eleitores; liberdade de imprensa e organização. Mas outros aspectos apontavam a fragilidade da incipiente experiência democrática brasileira: exclusão dos analfabetos – que representavam expressivo contingente da população adulta – do processo eleitoral; impedimento de que um importante partido (PCB) participasse legalmente da vida política; permanente interferência dos militares na cena política.

O direito de voto

Quanto à definição de quem poderia ter o direito de voto, a Lei Agamenon repetiu as regras da Constituição de 1934. Poderiam ser eleitores os cidadãos maiores de dezoito anos. Estavam excluídos os analfabetos, os militares (salvo os oficiais), os mendigos e os cidadãos privados dos direitos políticos. O alistamento e o voto eram obrigatórios, exceto para os maiores de 65 anos e para as mulheres que não exercessem profissões lucrativas. É interessante observar que houve uma mudança no segmento de mulheres para as quais o voto era obrigatório: as que exerciam funções públicas (Constituição de 1934); as que exerciam profissões lucrativas (Lei Agamenon).

A Constituição de 1946 estabeleceu a obrigatoriedade de alistamento "para ambos os sexos". Porém, o Código Eleitoral de 1950 definiu que para alguns grupos o alistamento seria facultativo: inválidos, maiores de setenta anos e mulheres que não exercessem profissões lucrativas. Portanto, durante toda a República de 1946, o alistamento não foi obrigatório para as donas de casa e mulheres que não recebiam remuneração pelo seu trabalho.

Os analfabetos foram proibidos de votar em 1889, decisão que foi mantida por duas Assembleias Constituintes da República (1891 e 1933). A Constituinte de 1946 mais uma vez confirmou a exclusão.[15] Em um trabalho sobre a nova Constituição, publicado em 1948, o jurista Carlos Maximiliano resumiu os argumentos dominantes no período a respeito da exclusão do voto dos analfabetos: incompetência técnica para votar e necessidade de combater o analfabetismo.

> Pode o analfabeto ser opulento e altivo, mas falta-lhe, entretanto, o meio de acompanhar atentamente a marcha dos negócios e até o de verificar a exatidão da cédula fornecida por outra pessoa e por ele depositada na urna eleitoral. Negam-lhe a prerrogativa do voto, mas em caráter provisório. Procure ele os mestres, frequente escolas gratuitas e terá adquirido a plenitude dos direitos de cidadão, sem o perigo de se tornar ludíbrio dos galopins eleitorais, ansiosos por lhe inverterem o sufrágio. O dispositivo ainda oferece a vantagem de construir um estímulo para o combate do analfabetismo.[16]

O alistamento e o número de eleitores

Quanto ao alistamento, a Lei Agamenon repetiu o Código de 1932 e estabeleceu duas formas: por iniciativa do eleitor ou *ex-officio*. Diretores e chefes de repartições públicas, diretores de estatais, presidentes de conselhos regionais de arquitetura e engenharia e da Ordem dos Advogados deveriam enviar a lista de seus filiados para a Justiça Eleitoral.[17] Após alistados, os eleitores recebiam um novo título eleitoral, que, diferentemente do anterior, não portava a fotografia do eleitor (ver Imagem 8).

Em poucos meses de alistamento (entre maio e novembro de 1945) foram cadastrados 6,17 milhões de eleitores, que representavam cerca de 13% da população total do país.[18] Nas últimas eleições realizadas (1934), o número de cadastrados havia sido de 2,66 milhões de eleitores (cerca de 7% da população total). Ou seja, em termos relativos, o percentual de inscritos praticamente dobrou em mais de uma década. O que explicaria esse crescimento?

Um primeiro fator, apontado por políticos ativos no período e estudiosos, deveu-se ao uso mais abrangente do alistamento *ex-officio*, particularmente nas capitais. Em todo o país, 23% dos eleitores foram alistados dessa maneira, com o percentual mais acentuado em quatro unidades da Federação: Distrito Federal (54%); São Paulo (31%); Rio de Janeiro e Rio Grande do Sul (21%).[19] O político fluminense Amaral Peixoto, interventor do Estado do Rio de Janeiro em 1945, em avaliação sobre a Lei Agamenon destacou a importância dessa forma de alistamento:

> A única coisa que reclamaram um pouco – e não tinha razão de ser – foi o alistamento *ex-officio*, através dos sindicatos, órgãos de classe, associações, institutos. Mas não era possível fazer o alistamento direto. O contingente de eleitores era de 2 milhões e tanto. Meus amigos de Niterói calculavam que lá nós chegaríamos a 10 mil eleitores. Eu disse: "Não, nós queremos fazer uma coisa de massa. Não é possível que depois desses anos todos sem eleição vá comparecer o mesmo número de oito, dez anos atrás." Assim, o meio era fazer o alistamento eleitoral em massa... Se fossem levar eleitor por eleitor, não teriam a base que conseguiram. Uma eleição que se fazia em Niterói com 10 mil eleitores passou a ser feita com 100 mil.[20]

Outro fator que deve ser considerado é que o alistamento e o voto passaram a ser obrigatórios para as mulheres que exercessem profissões remuneradas; no alistamento que precedeu as eleições de 1933 e 1934 apenas os homens eram obrigados a se inscrever e votar. Embora não existam dados sobre o sexo dos eleitores inscritos nos dois períodos, é razoável supor que um número muito maior de mulheres tenha se inscrito em 1945 para votar.

O novo Código Eleitoral, promulgado em 1950, acabou com o alistamento *ex-officio*, expediente nunca mais utilizado no Brasil.[21] A partir de então, os cidadãos que não fossem analfabetos deveriam dirigir-se a um cartório eleitoral, com a documentação exigida, para solicitar o registro.

Outra medida importante foi a criação de um novo título eleitoral em 1955. A partir de 1956, os eleitores foram obrigados a se alistar novamente para obter o novo documento, que passou a ser exigido a partir das eleições de 1958 (ver Imagem 9). Na oportunidade, foram retirados de circulação milhares de títulos de eleitores que haviam morrido, embora seus nomes ainda constassem da listagem, e de títulos duplicados.

O Gráfico 3 mostra a evolução do eleitorado brasileiro nos cinco anos em que houve eleições para a Câmara dos Deputados entre 1945 e 1962 (última eleição antes do golpe de 1964).[22] A linha superior do gráfico apresenta o percentual de eleitores inscritos sobre a população adulta. Esse dado revela o percentual de adultos que, de fato, se inscreveu para votar; por exemplo, em 1945, após o alistamento promovido pela Lei Agamenon, cerca de 31% dos cidadãos com mais de dezoito anos se cadastraram. Chama a atenção a redução do total de inscritos entre 1954 e 1958; houve uma queda de oito pontos percentuais, de 49% para 41%, associada ao recadastramento realizado a partir de 1956.

A linha inferior do gráfico apresenta o percentual de eleitores que efetivamente votou sobre o total de cidadãos em idade de

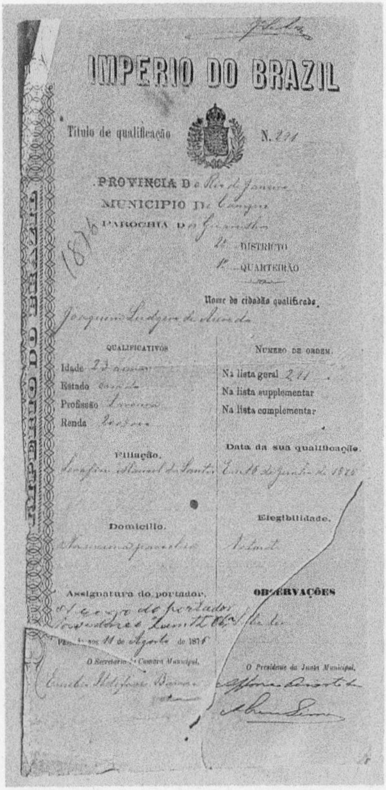

IMPERIO DO BRAZIL

Titulo de qualificação N.

PROVINCIA D

MUNICIPIO D

PAROCHIA D

DISTRICTO

QUARTEIRÃO

Nome do cidadão qualificado

QUALIFICATIVOS	NUMERO DE ORDEM
Idade	Na lista geral
Estado	Na lista supplementar
Profissão	Na lista complementar
Renda	
Filiação.	Data da sua qualificação.
Domicilio.	Elegibilidade.
Assignatura do portador.	OBSERVAÇÕES

O Secretario da Camara Municipal.

O Presidente da Junta Municipal.

1. Título de qualificação de 1875: primeiro título eleitoral utilizado no Brasil.

IMPERIO DO BRAZIL

TITULO DE ELEITOR N.

Comarca da Côrte

Municipio Neutro

Parochia d

Districto de Paz

Quarteirão

NOME DO ELEITOR

Qualificativos	Numero de Ordem
Idade	No alistamento Geral
Estado	No alistamento de Revisão
Profissão	
Renda	
Instrucção	
Filiação	Data do alistamento

Domicilio

Assignatura do Eleitor,

Data e assignatura do Juiz de Direito,

IMPERIO DO BRAZIL

2. Título eleitoral do político Benjamin Constant (2 ago 1889). Este foi o segundo modelo de título eleitoral do Brasil, adotado pela Lei Saraiva em 1881 e usado até o fim do Império.

IMPERIO DO BRAZIL

Divisão Eleitoral

Nº	Districtos	Provincias	Collegios	Parochias	Eleitores	Representação Geral	Representação Provincial
1	MANÁOS	Amazonas	4	17	111	2	20
2	BELEM	Grão Pará	15	84	466	3	30
3	S. LUIZ	Maranhão	8	24	412	3	15
4	CAXIAS		13	28	440	3	15
5	THERESINA	Piauhy	12	22	349	3	24
6	FORTALEZA	Ceará	11	14	509	3	12
7	SOBRAL		8	11	396	3	12
8	CRATO		8	8	350	2	8
9	NATAL	Rio Grande do Norte	14	27	470	2	22
10	PARAHYBA	Parahyba	14	20	510	3	14
11	POMBAL		8	14	271	2	12
12	RECIFE	Pernambuco	2	15	382	3	9
13	NAZARETH		5	15	429	3	9
14	CABO		5	9	402	3	9
15	CARUARÚ		6	12	359	2	6
16	VILLA BELLA		10	10	321	2	6
17	MACEIÓ	Alagôas	8	13	438	3	18
18	PENEDO		8	12	528	2	12
19	ARACAJÚ	Sergipe	10	14	365	2	12
20	S. CHRISTOVÃO		7	12	335	2	12
21	S. SALVADOR	Bahia	3	22	370	2	6
22	CACHOEIRA		7	39	1.145	3	9
23	NAZARETH		15	38	544	3	9
24	INHAMBUPE		13	30	658	3	9
25	RIO DE CONTAS		15	24	642	3	9
26	VICTORIA	Espirito Santo	4	21	147	2	20
27	RIO DE JANEIRO	Municipio Neutro	1	20	359	3	
28	CAMPOS	Rio de Janeiro	11	46	524	3	15
29	NICTHEROY		9	31	527	3	15
30	PIRAHY		10	37	585	3	15
31	S. PAULO	S. Paulo	10	48	400	3	12
32	TAUBATÉ		11	20	902	3	12
33	MOGY MIRIM		12	40	381	3	12
34	CURYTIBA	Paraná	5	20	200	2	20
35	DESTERRO	S. Catharina	6	56	204	2	20
36	PORTO ALEGRE	S. Pedro	6	31	277	3	13
37	RIO GRANDE DO SUL		7	24	287	3	13
38	OURO PRETO	Minas Geraes	3	52	435	3	6
39	SABARÁ		16	52	392	3	6
40	BARBACENA		11	52	429	3	6
41	S. JOÃO D'EL REI		10	45	445	3	6
42	CAMPANHA		7	35	392	3	6
43	SERRO		9	28	416	3	6
44	MONTES CLAROS		7	19	397	2	4
45	GOYAZ	Goyaz	12	46	376	2	22
46	CUYABÁ	Matto Grosso	5	15	138	2	22
			387	1.254	18948	122	578

3. Primeiro mapa traçado com os distritos eleitorais do Brasil.

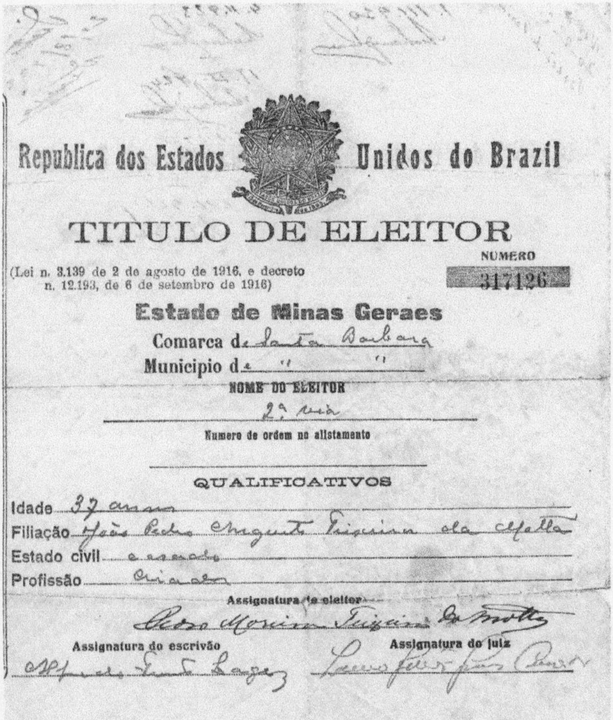

Republica dos Estados Unidos do Brazil

TITULO DE ELEITOR

(Lei n. 3.139 de 2 de agosto de 1916, e decreto n. 12.193, de 6 de setembro de 1916)

NUMERO 317126

Estado de Minas Geraes

Comarca de Santa Barbara

Municipio de " "

NOME DO ELEITOR

2ª via

Numero de ordem no alistamento

QUALIFICATIVOS

Idade 37 annos

Filiação João Pedro Augusto Teixeira da Motta

Estado civil casado

Profissão criador

Assignatura do eleitor

Assignatura do escrivão

Assignatura do juiz

4. Título de eleitor utilizado entre 1916 e 1930.

5. Uma das versões de urna eleitoral de madeira utilizada ao longo da Primeira República.

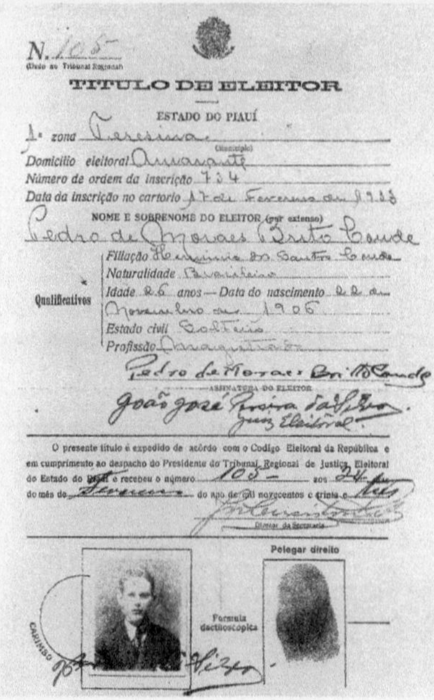
N. 105
(Dado ao Tribunal Regional)

TITULO DE ELEITOR

ESTADO DO PIAUÍ

1ª zona Teresina
(Municipio)
Domicilio eleitoral Amarante
Número de ordem da inscripção 734
Data da inscrição no cartorio 17 de Fevereiro de 1933

NOME E SOBRENOME DO ELEITOR (por extenso)
Pedro de Moraes Britto Conde

Qualificativos
Filiação
Naturalidade
Idade 26 anos — Data do nascimento 22 de Novembro de 1906
Estado civil
Profissão

Pedro de Moraes Britto Conde
ASSIGNATURA DO ELEITOR

João José Pereira da Silva
Juiz Eleitoral

O presente titulo é expedido de acôrdo com o Codigo Eleitoral da República e em cumprimento ao despacho do Presidente do Tribunal Regional de Justiça Eleitoral do Estado do Piauí e recebeu o número 105 aos 24 do mês de Fevereiro do ano de mil novecentos e trinta e tres

Director da Secretaria

Formula dactiloscopica

Pollegar direito

6. Primeiro título de eleitor com fotografia, adotado pelo Código de 1932.

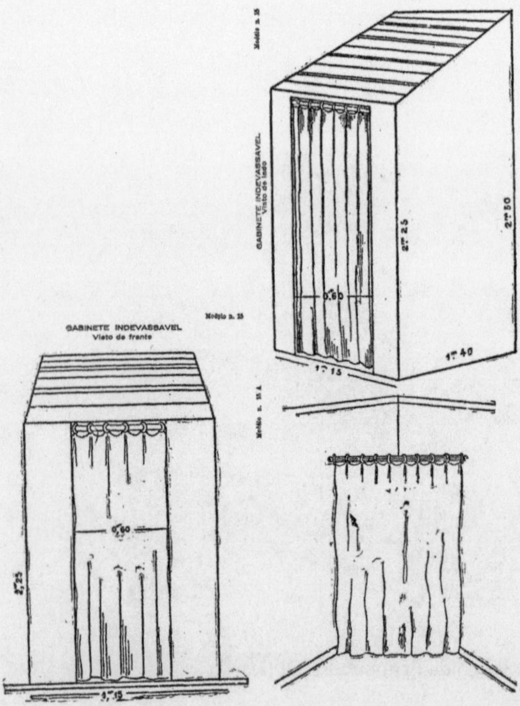

7. Modelo de gabinete eleitoral definido pelo Decreto n.22 de 7 de abril de 1933.

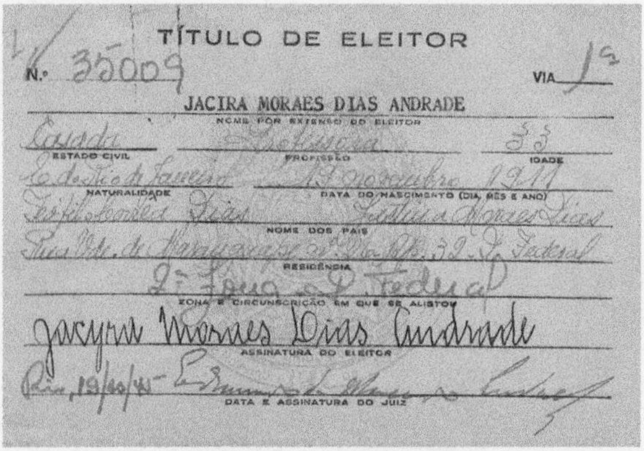

TÍTULO DE ELEITOR

N.º 35009 VIA 1ª

JACIRA MORAES DIAS ANDRADE
NOME POR EXTENSO DO ELEITOR

Casada — Professora — 33
ESTADO CIVIL — PROFISSÃO — IDADE

NATURALIDADE — 13 novembro 1911
DATA DO NASCIMENTO (DIA, MÊS E ANO)

NOME DOS PAIS

RESIDÊNCIA

ZONA E CIRCUNSCRIÇÃO EM QUE SE ALISTOU

Jacyra Moraes Dias Andrade
ASSINATURA DO ELEITOR

DATA E ASSINATURA DO JUIZ

8. Título utilizado nas eleições de 1945.

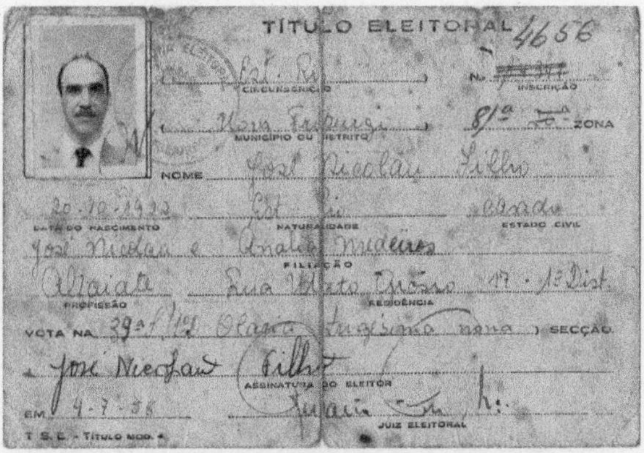

TÍTULO ELEITORAL 4656

CIRCUNSCRIÇÃO — N.º — INSCRIÇÃO

ZONA

MUNICÍPIO OU DISTRITO

NOME José Nicolau Filho

20-12-1922 — Est. Rio — casado
DATA DO NASCIMENTO — NATURALIDADE — ESTADO CIVIL

FILIAÇÃO

Alfaiate
PROFISSÃO — RESIDÊNCIA

VOTA NA) SECÇÃO

José Nicolau Filho
ASSINATURA DO ELEITOR

EM 4-7-58 — JUIZ ELEITORAL

T.S.E. - TÍTULO MOD. 4

9. Título de eleitor utilizado entre 1958 e 1985.

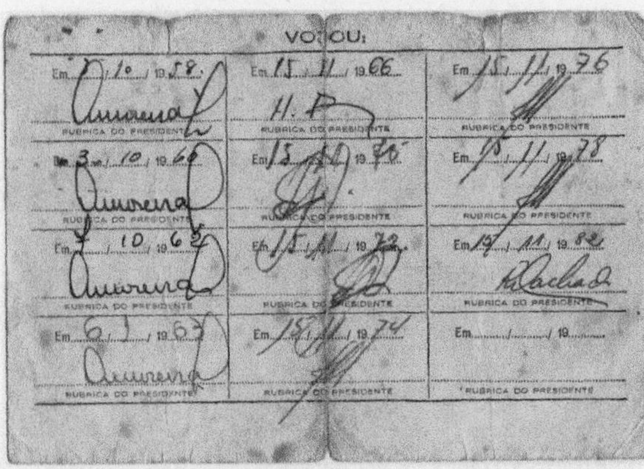

VOTOU:

Em 3/10/1958 RUBRICA DO PRESIDENTE	Em 15/11/1966 RUBRICA DO PRESIDENTE	Em 15/11/1976 RUBRICA DO PRESIDENTE
Em 3/10/1960 RUBRICA DO PRESIDENTE	Em 15/11/1970 RUBRICA DO PRESIDENTE	Em 15/11/1978 RUBRICA DO PRESIDENTE
Em 7/10/1962 RUBRICA DO PRESIDENTE	Em 15/11/1972 RUBRICA DO PRESIDENTE	Em 15/11/1982 RUBRICA DO PRESIDENTE
Em 6/1/1963 RUBRICA DO PRESIDENTE	Em 15/11/1974 RUBRICA DO PRESIDENTE	Em ..../..../19.... RUBRICA DO PRESIDENTE

10. Verso do título de eleitor utilizado entre 1958 e 1985.

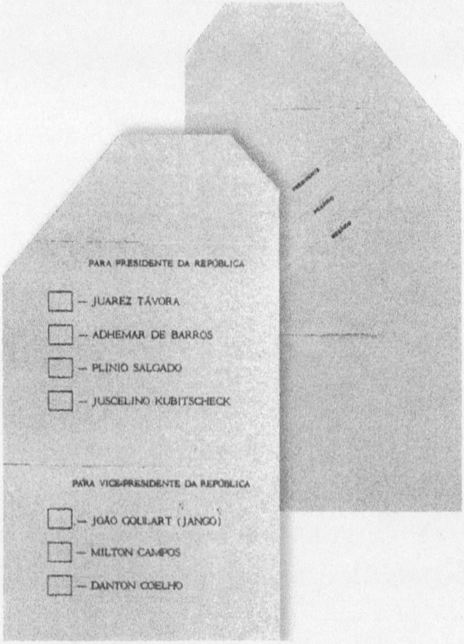

11. Primeira cédula oficial utilizada no Brasil. Eleições para presidente, 1955.

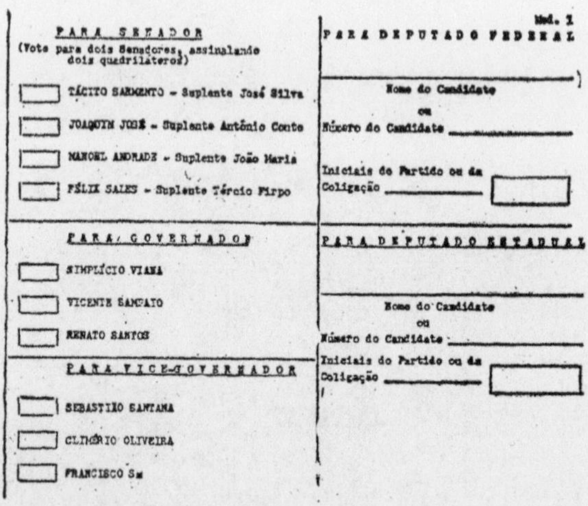

Mod. 1

PARA SENADOR
(Vote para dois Senadores, assinalando dois quadriláteros)

TÁCITO SARMENTO - Suplente José Silva
JOAQUIM JOSÉ - Suplente Antônio Conte
MANOEL ANDRADE - Suplente João Maria
FÉLIX SALES - Suplente Tércio Firpo

PARA GOVERNADOR

SIMPLÍCIO VIANA
VICENTE SAMPAIO
RENATO SANTOS

PARA VICE-GOVERNADOR

SEBASTIÃO SANTANA
CLIMÉRIO OLIVEIRA
FRANCISCO Sa

PARA DEPUTADO FEDERAL

Nome do Candidato
ou
Número do Candidato
Iniciais do Partido ou da Coligação

PARA DEPUTADO ESTADUAL

Nome do Candidato
ou
Número do Candidato
Iniciais do Partido ou da Coligação

12. Modelo da primeira cédula oficial utilizada nas eleições para o Congresso Nacional, em 1962 (Lei n.4.115, 22 ago 1962).

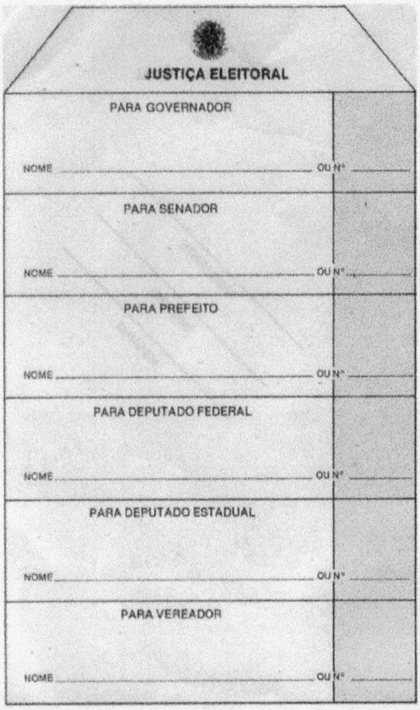

JUSTIÇA ELEITORAL

PARA GOVERNADOR

NOME ______ OU Nº ______

PARA SENADOR

NOME ______ OU Nº ______

PARA PREFEITO

NOME ______ OU Nº ______

PARA DEPUTADO FEDERAL

NOME ______ OU Nº ______

PARA DEPUTADO ESTADUAL

NOME ______ OU Nº ______

PARA VEREADOR

NOME ______ OU Nº ______

13. Modelo de cédula eleitoral utilizada nas eleições de 1982.

PARA GOVERNADOR

13 Fernando Gabeira
15 Moreira Franco
12 Darcy Ribeiro
40 Sinval Palmeira
37 Wagner Cavalcanti
30 Aarão Steinbruch
11 Agnaldo Timótheo

PARA DEPUTADO FEDERAL

NOME DO CANDIDATO ______
OU
NÚMERO DO CANDIDATO ______

11 12 13 14 15 16 17
18 19 20 21 22 23 24
25 26 27 28 30 31 32
33 34 35 36 37 39 40

PARA DEPUTADO ESTADUAL

NOME DO CANDIDATO ______
OU
NÚMERO DO CANDIDATO ______

11 12 13 14 15 16 17
18 19 20 21 22 23 24
25 26 27 28 30 31 32
33 34 35 36 37 38 40

PARA SENADOR

(Assinale com X dois nomes, sendo um de cada quadro)

121 Marcelo Alencar
221 Hélio Ferraz
201 Abdon Ázaro
251 Alonso Arinos
252 Hydekel Freitas
253 Rockefeller de Lima
231 Hércules Corrêa
351 Dias Pereira
131 Batistinha
191 Wanderlei Costa
192 Mauro Sérgio Chaves e Mello Dias
122 José Frejat
401 Evandro Lins e Silva
151 Nelson Carneiro
152 José Colagrossi
153 Hélio Fernandes
161 Pedreira
271 José Alvorada
371 Pedro Celestino
111 Fernando Abelheira
132 Cesário Alvim

14. Modelo de cédula oficial de 1986.

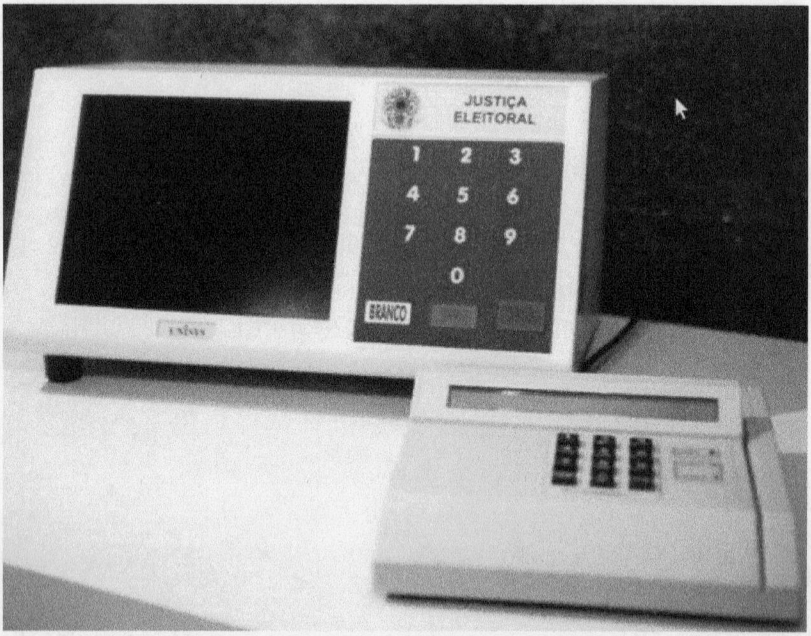

15. Primeira urna eletrônica utilizada no Brasil, em 1996.

voto; por exemplo, em 1950, cerca de 30% dos adultos em idade de votar foram às urnas. Esse tipo de cálculo elimina eventuais contaminações pelos problemas do cadastro de eleitores.[23] Entre 1945 e 1962 o contingente de adultos que participou das eleições subiu, aproximadamente, doze pontos percentuais, passando de 26% para 39%. Apesar desse crescimento, o número de excluídos do processo eleitoral ainda era muito alto, mesmo com a obrigatoriedade de inscrição e de voto.

GRÁFICO 3. Percentual do eleitorado e do comparecimento sobre a população em idade de voto. Brasil, Eleições para a Câmara dos Deputados, 1946-62

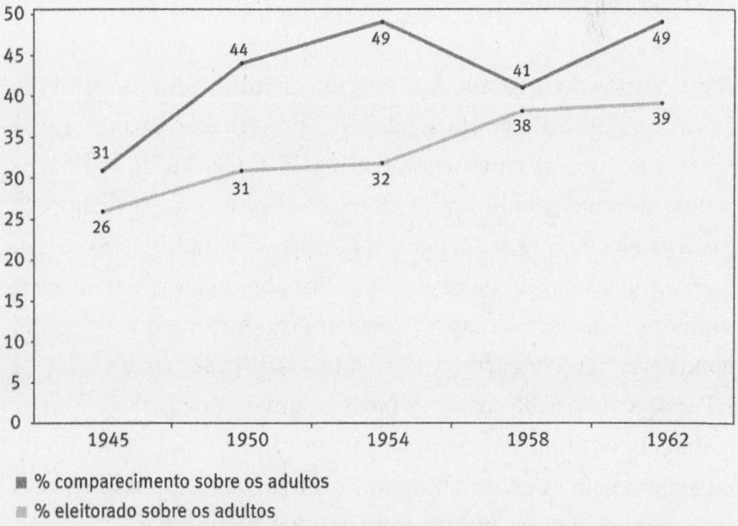

Fonte: *Dados estatísticos do TSE*, diversos volumes.

A exclusão de um número expressivo de adultos do processo eleitoral deveu-se, em larga medida, ao alto contingente de adultos analfabetos na população brasileira. O total de analfabetos levantado pelos Censos realizados no país a cada dez anos era o seguinte: 1940 (56%); 1950 (48%); e 1960 (39%). Vejamos, por exemplo, os dados de 1950, quando houve eleição para o Congresso e para a Presidência. Nesse ano, havia cerca de 27,1 milhões de brasileiros em idade de voto e cerca de 15,2 milhões de analfabetos. Ainda que exista uma pequena diferença entre as bases de dados, já que a taxa de analfabetismo é calculada com base na população de quinze anos ou mais, enquanto a população em idade de voto é calculada com base na população de dezoito anos ou mais, os dados são contundentes: mais da metade dos adultos em idade de voto simplesmente não pôde se inscrever para votar nas eleições de 1950 por ser analfabeta.[24]

Os sistemas eleitorais

Como vimos no Capítulo 3, o sistema eleitoral adotado em 1932, apesar de nomeado como sendo de representação proporcional, era, de fato, um sistema misto. Em 1935, foi substituído por outro, exclusivamente proporcional, que não chegou a ser utilizado, já que as eleições foram suspensas durante o Estado Novo. A Lei Agamenon adotou o sistema proporcional nas eleições para a Câmara dos Deputados, mas manteve um mecanismo que favorecia demasiadamente o partido mais votado em cada estado.

Para participar das eleições para a Câmara dos Deputados realizadas em dezembro de 1945, os partidos (ou alianças) tiveram de registrar a lista de seus candidatos quinze dias antes do pleito. A escolha do eleitor era muito simples: votar em um partido ou em um candidato. Após a distribuição, as cadeiras obtidas pelos partidos eram ocupadas pelos nomes mais votados de cada lista. Esse modelo de escolha de candidatos inventado pela Lei Agamenon passaria a ser conhecido pelos estudiosos como sistema de lista aberta. O Brasil foi um dos primeiros países a adotá-lo. Dois outros países que utilizam esse modelo há longo tempo adotaram-no após o Brasil: a Finlândia, em 1954, e o Chile, em 1958.[25]

A distribuição das cadeiras era feita em duas fases. Inicialmente, calculava-se o quociente eleitoral. Em seguida, o total de votos de cada partido era dividido por esse quociente e cada partido recebia tantas cadeiras quantas vezes atingisse o quociente eleitoral. As cadeiras não preenchidas dessa forma (sobras) eram alocadas para o partido mais votado no estado. Esse mecanismo simples de distribuição das sobras favoreceu demasiadamente o Partido Social Democrático (PSD) nas eleições de 1945 para a Câmara dos Deputados, a legenda mais votada na maioria dos estados. Com uma votação nacional de 43%, o PSD obteve 53% das cadeiras.[26]

Em janeiro de 1947, foram realizadas eleições para a escolha dos deputados estaduais, responsáveis pela redação das novas Constituições dos estados. Uma singularidade dessas eleições foi o uso de um sistema de lista fechada. Os partidos apresentavam a lista de seus candidatos em ordem. Segundo a lei, "nas eleições para membros das Assembleias Legislativas, registrarão os partidos seus candidatos na ordem preferencial que tiver sido deliberada pelos seus respectivos diretórios".[27] O eleitor votava apenas na legenda, em uma cédula oficial: "Para este efeito, haverá, em cada eleição, uma cédula única, oficial, em que serão mencionados, um a um, em linhas sucessivas, em ordem variada, os partidos que registraram candidatos."[28] Essa foi a única vez na história das eleições brasileiras que o sistema de lista fechada foi utilizado.[29]

Uma lei de 1950 alterou o método de cálculo das cadeiras das sobras. Estas passaram a ser distribuídas pelo sistema de maiores médias, regra que tem sido usada desde então nas eleições para a Câmara dos Deputados, das Assembleias Legislativas e das Câmaras Municipais.

Para efeito de ilustração, vejamos como as dezessete cadeiras de uma circunscrição eleitoral (Rio de Janeiro) foram distribuídas nas eleições para a Câmara dos Deputados realizadas em 1950. O total de eleitores que compareceu às urnas foi de 449.644. Destes,

Tabela 1. Distribuição das cadeiras nas eleições para a Câmara dos Deputados, Rio de Janeiro, 1950

Partidos	Votos	Cadeiras distribuídas pelo quociente eleitoral	Maiores médias (1)	Maiores médias (2)	Cadeiras alocadas pelas maiores médias	Total de cadeiras
PSD	144.820	5	24.136*	20.688*	2	7
PTB	107.719	4	21.543*	–	1	5
UDN	101.820	4	20.364	–	–	4
PSP	27.573	1	13.786	–	–	1
Outros	22.555	–	–	–	–	–
Total	404.487	14	–	–	3	17

* Cadeira conquistada

404.487 votaram em um candidato ou na legenda; 25.824 deixaram o voto em branco; e 19.333 o anularam. Oito partidos apresentaram candidatos: PSD, PTB, UDN, PSP, PR, PRT, PRB e PST. A Tabela 1 apresenta a votação obtida pelos quatro maiores partidos.

Os passos para o cálculo das cadeiras são os seguintes:

1) Primeiro, calcula-se o quociente eleitoral; resultado da divisão do total de votos válidos (votos dados aos candidatos + votos em branco) pelo número de cadeiras: 404.487 + 25.824 ÷ 17 = 25.312.
2) O cálculo do quociente eleitoral tem uma importância especial, pois somente os partidos que conseguem atingi-lo podem participar da distribuição das cadeiras. Nesse caso, apenas quatro partidos conseguiram: PSD, PTB, UDN e PSP.
3) O total de votos de cada partido é dividido pelo quociente eleitoral. O resultado da divisão indica quantas cadeiras o partido receberá. Após o término dessa fase, catorze cadeiras foram ocupadas (ver a terceira coluna da Tabela 1). As três cadeiras restantes são distribuídas pelo sistema de maiores médias: o

total de votos de cada partido é dividido pelo número de cadeiras que ele elegeu + um; por exemplo, os votos do PSD são divididos por seis (cinco cadeiras eleitas + um): 144.820 ÷ 6 = 24.136. Observe que o partido mais votado (PSD) tem uma segunda maior média (20.688), superior à primeira maior dos outros concorrentes: 20.364 da UDN e 13.786 do PSP.

4) Após a distribuição, as cadeiras são ocupadas pelos candidatos de cada partido (ou aliança) que obtiveram mais votos.

O processo de votação e as fraudes

Nas eleições de dezembro de 1945, o processo de votação adotado foi muito semelhante ao das eleições realizadas em 1933 e 1934. O eleitor comparecia ao local de votação, apresentava o título, recebia uma sobrecarta oficial e dirigia-se à cabine de votação. Lá, inseria as cédulas que trazia consigo (que deveriam ser impressas ou datilografadas) na sobrecarta; em uma cédula deveria constar o nome dos candidatos a presidente e vice-presidente, em outras, os dos candidatos à Câmara dos Deputados e ao Senado. Ao sair da cabine, ele depositava a sobrecarta na urna. A Lei Agamenon proibiu que as cédulas fossem distribuídas pelos partidos nos recintos de votação e nas suas imediações (em um raio de cem metros), proibição mantida pelo Código Eleitoral de 1950. Encerrada a votação, as urnas eram lacradas e enviadas para as juntas apuradoras (que funcionavam no âmbito municipal). A apuração dos votos começava no dia seguinte à votação.[30]

Esse processo de votação foi utilizado nas eleições realizadas em 1945, 1947, 1950 e 1954. Embora não existam estudos sistemáticos sobre o grau de permanência de fraudes e de adulteração da vontade do eleitor nessas eleições, a avaliação geral dos estudiosos do período é que elas puderam ser consideradas razoavelmente limpas.[31] Mesmo com as novas medidas, as fraudes permaneceram, sobretudo nas cidades do interior, onde era comum o uso de títulos falsos, o constrangimento do cidadão no trajeto de casa até o local de votação (lembrando que ele levava a cédula consigo) e a adulteração dos resultados durante a apuração.

Até as eleições de 1955, cada mesa eleitoral recebia uma listagem com os nomes dos eleitores aptos a votar naquela seção; o eleitor, no entanto, podia votar em outra seção do município. Em 1955, o Congresso aprovou a criação da folha individual de votação, um documento que continha as informações de cada eleitor (inclusive fotografia) e o obrigava a votar em uma única seção. As folhas eram mantidas nos cartórios eleitorais e enviadas para as mesas no dia do pleito. Dessa maneira, sua identificação era feita comparando-se o título com a sua folha de votação. Após votar, o título do eleitor era rubricado pelo presidente da mesa (ver Imagem 10). A folha individual foi criada com o intuito de combater as fraudes associadas ao uso indevido do título (um eleitor votar por outro, títulos falsos); ela foi empregada nas eleições de 1958, 1960 e 1962.

Uma nova lei, aprovada também em 1955, adotou o uso da cédula oficial de votação, medida que mudaria a forma de o eleitor expressar sua escolha. Agora, no lugar de simplesmente ter de levar consigo a cédula do seu candidato para encartá-la no envelope oficial, o cidadão passou a receber uma cédula oficial onde deveria redigir o nome do seu candidato ou marcá-lo com um x. A cédula única seria confeccionada e distribuída pela Justiça Eleitoral. Na época, em sessão parlamentar que discutia o assunto, o escritor e então deputado federal Mário Palmério revelou da seguinte forma suas esperanças de aperfeiçoamento do processo eleitoral introduzido pela cédula oficial:

> Estou inteiramente de acordo com o projeto referente à cédula oficial, por entender que esta impede, exatamente, que o cabo eleitoral

> transforme o seu eleitor num elemento que vai votar sabendo, *a priori*, em quem. Precisamos dar ao eleitor que quer votar em determinada pessoa a oportunidade de fazê-lo. Se ele receber uma cédula oficial, vai à cabina indevassável e vota em quem muito bem entende .... A cédula comum não chega às mãos do eleitor; quando chega, é o eleitor revistado, como estou cansado de testemunhar, e não consegue levar a cédula à urna, a fim de votar no candidato que lhe interessa.[32]

A cédula oficial foi empregada pela primeira vez em 1955, nas eleições para presidente e vice-presidente. Foi novamente utilizada nas eleições presidenciais de 1960. Somente em 1962 ela foi empregada em uma eleição para o Congresso. (As Imagens 11 e 12 mostram cédulas utilizadas em 1955 e 1962, respectivamente.)

A folha individual de votação – com o consequente recadastramento dos eleitores – e a cédula oficial representaram dois passos importantes para reduzir o número de fraudes eleitorais. Com isso, as eleições realizadas a partir da segunda metade da década de 1950 foram muito menos afetadas por falsificações e coações do que as primeiras eleições realizadas na primeira década do novo regime.

5. Regime militar (1964-1985)

O quadro geral das eleições

Em 1º de abril de 1964, um golpe de Estado, promovido por uma coalizão de militares e setores da elite política, afastou o presidente João Goulart e assumiu o poder no país. Chegava ao fim o regime iniciado em fins de 1945 e que, pela primeira vez na história brasileira, havia combinado a realização de eleições regulares e competitivas com alta taxa de incorporação de adultos ao processo eleitoral.

Poucos dias após o golpe, em 9 de abril, o autodenominado "Comando Supremo da Revolução", composto pelos comandantes em chefe do Exército, da Marinha e da Aeronáutica, baixou o Ato Institucional n.1 (AI-1), que afetou diretamente o ordenamento institucional definido pela Constituição de 1946.[1] O AI-1 ampliou os poderes do Executivo e reduziu o papel do Legislativo, marcou a eleição do novo presidente da República pelo Congresso Nacional para dois dias depois e concedeu aos comandantes em chefe que editavam o ato o poder de suspender direitos políticos e cassar mandatos legislativos. Nos dias seguintes, 167 cidadãos tiveram seus direitos políticos cassados por dez anos, entre eles os ex-presidentes Jânio Quadros e João Goulart, o governador de Pernambuco, Miguel Arraes, e o deputado federal Leonel Brizola; quarenta deputados federais perderam seus mandatos; e dezenas de oficiais das Forças Armadas passaram para a reserva.[2]

No modelo de ditadura apresentado nos manuais, o chefe do governo fica no poder ininterruptamente, os partidos são proibidos de funcionar, o Congresso é fechado e as eleições são suspensas. O regime autoritário brasileiro do período 1964-85 se distinguiu desse padrão.[3] Além de um conjunto de medidas que caracterizam todas as ditaduras, nas quais se incluem violência política, perseguição à oposição e casuísmos legislativos, criou um sistema político singular: os presidentes-militares e os governadores eram referendados por eleições legislativas; o sistema pluripartidário foi extinto, mas dois partidos puderam ser organizados; e parte dos cargos no Legislativo (senadores, deputados federais, deputados estaduais, vereadores e prefeitos) continuou a ser escolhida em eleições diretas.

A tensão entre a permanência residual de instituições representativas e o uso da força durante o regime é bem ilustrada quando observamos a relação dos dirigentes militares com o Congresso Nacional. Ao longo dos 21 anos de governo autoritário o Congresso ficou aberto na maior parte do tempo, porém, foi enfraquecido por conta da perda de suas atribuições legislativas e pela cassação, por atos institucionais, de 149 deputados.[4]

O Gráfico 4 apresenta o total de deputados federais cassados durante o regime militar. Um dado que chama a atenção é a concentração das cassações nos anos 1960, particularmente como resultado da promulgação do AI-1 (1964) e do AI-5 (1968). Sete deputados perderam o mandato no governo Geisel (1974-79) e nenhum durante o governo Figueiredo (1979-85).

Castelo Branco foi eleito presidente em 11 de abril de 1964, inicialmente para governar até 31 de janeiro de 1966 (prazo constitucional de encerramento do governo de João Goulart). Mas a Emenda Constitucional n.8, de julho do mesmo ano, prorrogou o seu mandato até março de 1967. Foi em seu governo que foram criadas as principais bases do "sistema representativo" implementado pelo regime militar: extinção dos partidos da República de 1946 e criação de um sistema bipartidário; adoção de eleições indiretas para a escolha do presidente e dos governadores; nomeação dos prefeitos das capitais pelos governadores; introdução da

GRÁFICO 4. Deputados federais cassados por ano devido a atos institucionais. Brasil, regime militar

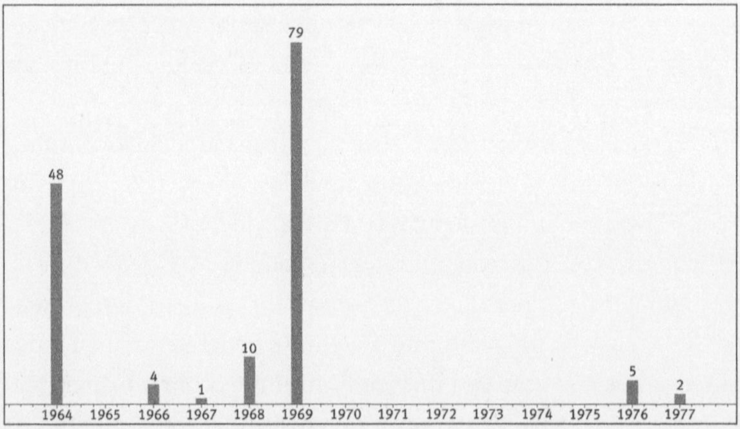

Fonte: Quadro geral de cassações de mandato. Câmara dos Deputados, Secretaria-Geral da Mesa, Núcleo de Assessoramento Técnico, 2012.

sublegenda nas disputas para senadores e prefeitos; adoção de um novo Código Eleitoral; criação da primeira lei específica para regular a atividade dos partidos políticos.[5]

De acordo com o calendário eleitoral do regime anterior, em 3 de outubro de 1965 haveria eleições para a Presidência da República e para alguns governos de estado. Por conta da prorrogação do mandato do presidente Castelo Branco, as eleições presidenciais haviam sido adiadas para o ano seguinte. No entanto, o AI-2, baixado em outubro de 1965, acabou com as eleições diretas para presidente e instituiu a escolha via Congresso Nacional (em sessão pública e com voto nominal dos congressistas).[6] Além de Castelo Branco, mais dois presidentes do ciclo militar tiveram seus nomes referendados pelo Congresso: Costa e Silva e Garrastazu Médici. Os três presidentes seguintes eleitos durante o regime militar (Ernesto Geisel, João Batista Figueiredo e Tancredo Neves) foram escolhidos não mais pelo Congresso

Nacional, mas por um Colégio Eleitoral composto por deputados federais e senadores e por delegados eleitos pelas Assembleias Legislativas dos estados.[7]

As eleições para governos de estado foram mantidas e, em 3 de outubro de 1965, foram realizadas em onze estados (dez em que o mandato do governador era de cinco anos, e em Goiás, estado onde o governo federal interveio em novembro de 1964): Alagoas, Goiás, Guanabara, Maranhão, Mato Grosso, Minas Gerais, Pará, Paraíba, Paraná, Rio Grande do Norte e Santa Catarina.[8] A oposição foi vitoriosa em cinco estados, dois deles de grande importância política: Negrão de Lima foi eleito na Guanabara e Israel Pinheiro em Minas Gerais, ambos pela coalizão PSD-PTB.

Para diversos analistas do período, o bom desempenho da oposição nas eleições de 1965 teria sido a principal razão para que o governo baixasse, 24 dias depois do pleito, o AI-2.[9] Em um artigo lacônico, o AI-2 terminou com a rica experiência partidária iniciada duas décadas antes: "Ficam extintos os atuais partidos políticos e cancelados os respectivos registros."[10] Essa foi a segunda vez que os partidos foram arbitrariamente fechados no Brasil – a primeira havia sido em 1937, durante a vigência do Estado Novo.

As regras para a criação de novos partidos foram estabelecidas por um Ato Complementar assinado pelo presidente Castelo Branco e promulgado em novembro de 1965.[11] Segundo o texto, as "organizações com atribuições de partidos" deveriam ser estruturadas por membros do Congresso Nacional (com a adesão de 120 deputados federais e vinte senadores) até o dia 15 de março de 1966.[12] Apenas duas legendas conseguiram o registro: a Aliança Renovadora Nacional (Arena), que se tornaria o partido de apoio ao regime militar, e o Movimento Democrático Brasileiro (MDB), organização que assumiria o papel de oposição.[13] Enfraquecidas pela cassação de parlamentares e pela perda dos direitos políticos de diversas lideranças, as forças de oposição tiveram dificuldade para organizar um novo partido. O MDB foi registrado no penúltimo dia (14 de março) do prazo final e obteve a adesão de 144 deputados e 21 senadores (um a mais do que o mínimo exigido).[14]

O AI-3, baixado em fevereiro de 1966, fechou o ciclo de suspensão das eleições diretas para cargos do Executivo. Os governadores e vice-governadores passaram a ser eleitos (também em sessão aberta e voto nominal) pelas Assembleias Legislativas. Os prefeitos das capitais passaram a ser nomeados pelos governadores, mediante o prévio assentimento da Assembleia Legislativa; e os prefeitos de outras cidades continuaram a ser escolhidos por voto direto dos eleitores, com a possibilidade de utilização da sublegenda.[15]

Uma das invenções da legislação eleitoral do regime militar foi a sublegenda, mecanismo criado para que um mesmo partido pudesse apresentar mais de um nome para concorrer a um cargo em disputas majoritárias. A inspiração para a sua adoção foi a Lei de Lemas, modelo criado no Uruguai que permite que um partido (*lema*) apresente mais de um candidato (*sublema*). Os votos dos candidatos de cada partido são somados e aquele que obtiver mais votos é o vitorioso. Além do Uruguai, esse sistema foi utilizado para eleger o chefe do Executivo na Argentina e em Honduras.[16]

A sublegenda foi instituída em novembro de 1965 e utilizada durante o regime militar nas eleições para o Senado (1966, 1978 e 1982) e para as prefeituras.[17] O instrumento serviu para acomodar na Arena e no MDB as lideranças locais e estaduais oriundas dos diversos partidos recém-extintos. Caso utilizasse a sublegenda, um partido poderia apresentar até três nomes para a disputa do mesmo cargo,[18] o que significa dizer que em uma eleição para prefeito, por exemplo, poderiam concorrer até seis nomes, três da Arena e três do MDB.

Vejamos, a título de ilustração, como a sublegenda funcionava. Suponhamos uma disputa em que concorrem três candidatos da

Arena (A, B, C) em uma sublegenda e um único candidato (D) do MDB. Os três candidatos da Arena obtêm a seguinte votação: A (quinhentos votos), B (trezentos votos), C (duzentos votos). O candidato D do MDB recebe novecentos. O somatório de votos da Arena é de mil votos, número superior à votação do candidato do MDB. Dessa maneira, o candidato A, o mais votado da Arena, seria o eleito.

Além da suspensão das eleições diretas para presidente, governadores e prefeitos de capital houve mais duas interferências em cargos eletivos durante o governo Castelo Branco: suspensão das eleições para prefeitos de municípios considerados áreas de segurança nacional e criação dos "senadores biônicos". Em junho de 1968, o presidente Costa e Silva sancionou lei aprovada pelo Congresso que transformava 68 cidades brasileiras em "municípios de interesse de segurança nacional". Tratava-se, basicamente, de cidades de fronteira e em áreas que abrigavam grandes empresas estatais, por exemplo, Duque de Caxias (RJ), Paulo Afonso (BA) e Cubatão (SP).[19] Os prefeitos desses municípios passaram a ser indicados pelo governador, mediante prévia aprovação do presidente da República. Até o fim do regime militar, mais outras 25 cidades ganharam esse status.[20]

Em abril de 1977, uma Emenda Constitucional instituiu as eleições indiretas para o Senado. Nos anos em que fossem eleitos dois senadores, um deles (que passou a ser conhecido como "senador biônico" no meio político) seria escolhido pelo mesmo Colégio Eleitoral responsável por eleger os governadores. No ano seguinte, cada estado elegeu um "senador biônico" para cumprir também mandato de oito anos.[21] Essa foi a única vez na história da República que os senadores não foram escolhidos em eleições diretas.

Quais teriam sido as razões para que, em pleno processo de distensão política, o governo apresentasse uma Emenda Constitucional para criar os senadores biônicos?[22] Nas eleições senatoriais de 1974, quando foi eleito um senador por estado, o MDB teve um resultado excelente, elegendo senadores em dezesseis estados; já a Arena elegeu apenas seis. Nas eleições que se aproximavam (1978) seriam escolhidos dois senadores por estado. Caso mantivesse o desempenho da eleição anterior, o MDB obteria a maioria das cadeiras no Senado. Por outro lado, a Arena continuava a controlar a maioria das Assembleias Legislativas e das Câmaras Municipais. Em uma eleição indireta em âmbito estadual, as chances de vitória dos senadores da Arena seriam muito grandes. Os resultados de 1978 não foram tão favoráveis ao MDB; o partido elegeu apenas oito senadores pelo voto direto e um pelo indireto. Já a Arena elegeu dezesseis senadores pelo voto direto e 23 pelo indireto, o que garantiu ao partido folgada maioria no Senado nos últimos anos do regime militar.[23]

A partir de 1978, o debate sobre a reforma partidária começou a mobilizar a elite política.[24] O processo de eventual reorganização "natural" dos partidos brasileiros foi interrompido em dezembro de 1979, quando o Congresso aprovou uma lei que extinguiu sumariamente os dois partidos existentes e estabeleceu prazo de 180 dias para a organização de novas legendas. Após o pedido do registro provisório, os partidos tiveram mais um ano para obter o registro definitivo, que era garantido se o partido realizasse convenções em pelo menos nove estados e em 20% de seus municípios.

Cinco partidos obtiveram o registro definitivo e concorreram nas eleições de 1982: o Partido do Movimento Democrático Brasileiro (PMDB), o Partido Democrático Social (PDS), o Partido Trabalhista Brasileiro (PTB), o Partido Democrático Trabalhista (PDT) e o Partido dos Trabalhadores (PT).[25] Com exceção do PDS (organizado pelos dirigentes da extinta Arena), os outros partidos contavam entre seus fundadores com expressiva participação de políticos cujos direitos políticos haviam sido cassados e de outros que voltavam do exílio.[26] É interessante observar que tanto no começo (entre abril de 1964 e novembro de 1965) quanto no fim (entre janeiro de 1980 e março de 1985) o regime militar conviveu com um sistema pluripartidário.

Entre os diversos cargos que passaram a ser selecionados por eleições indiretas ou por nomeação, o único que voltou a ser escolhido pelo voto direto ainda durante o regime militar foi o de governador. Em 15 de novembro de 1982 foram eleitos (por maioria simples) os governadores de 22 estados (o Distrito Federal ainda não elegia governador), um senador, deputados federais e deputados estaduais. No mesmo dia, foram escolhidos prefeitos e vereadores – as eleições para esses cargos estavam marcadas para 1980, mas foram prorrogadas. Essa seria a última eleição em que cargos municipais seriam disputados simultaneamente a cargos estaduais e nacionais.

O Quadro 6 apresenta o calendário das eleições realizadas durante o regime militar. Os pleitos para a escolha de deputados federais, deputados estaduais e senadores não foram interrompidos e se realizaram sempre no dia 15 de novembro. Chama a atenção o fato de que, com exceção de 1967, houve eleições municipais em todos os anos durante a década de 1960. Como vimos no Capítulo 4, ao longo da República de 1946 os estados mantinham calendários particulares para a escolha de prefeitos e vereadores. Uma Emenda Constitucional de 1965 definiu que os prefeitos e vereadores seriam eleitos simultaneamente para mandatos de quatro anos, mas ficou a cargo das Assembleias definir as regras para a implementação dessas normas até 1971.[27] As Assembleias tomaram diferentes deliberações, o que fez com que as eleições ocorressem em anos diferentes. A partir de 1972, e pela primeira vez na história republicana, as eleições municipais passaram a ser realizadas no mesmo dia em todo o território nacional.

Quadro 6. Calendário das eleições realizadas durante o regime militar

	Presidente	Deputado federal e senador	Governador	Deputado estadual e de território	Prefeito e vereador
1964	11 de abril (indireta)	–	–	–	–
1965	–	–	3 de outubro	–	3 de outubro
1966	3 de outubro (indireta)	15 de novembro	3 de setembro (indireta)	15 de novembro	15 de novembro
1968	–	–	–	–	15 de novembro
1969	25 de outubro (indireta)	–	–	–	30 de novembro
1970	–	15 de novembro	3 de outubro (indireta)	15 de novembro	15 de novembro
1972	–	–	–	–	15 de novembro
1974	15 de janeiro (indireta)	15 de novembro	3 de outubro (indireta)	15 de novembro	–
1976	–	–	–	–	15 de novembro e 20 de dezembro
1978	15 de outubro (indireta)	15 de novembro	1º de setembro (indireta)	15 de novembro	–
1982	–	15 de novembro	15 de novembro	15 de novembro	15 de novembro

Fonte: http://www.tse.jus.br/eleicoes/cronologia-das-eleicoes.

O direito de voto

Os critérios definidos pela Constituição de 1946 foram mantidos ao longo de todo o regime militar. Podiam votar todos os brasileiros com mais de dezoito anos, à exceção dos analfabetos, dos que não soubessem se exprimir em língua nacional, dos que estivessem privados dos direitos políticos e de determinados grupos da corporação militar.[28] Em julho de 1965, o Congresso Nacional aprovou um novo Código Eleitoral que substituiu o de 1950 e estabeleceu as regras eleitorais de todo o período do regime militar, incluindo: organização da Justiça Eleitoral, processo de alistamento, sistema eleitoral, método de votação e de apuração dos votos, propaganda eleitoral. Mesmo com uma série de emendas, ele continua em vigor.[29]

O novo Código promoveu uma mudança importante em relação à obrigatoriedade de alistamento e de voto: as mulheres que não exerciam profissões lucrativas também se viram obrigadas a se alistar e votar. Foi a primeira vez, desde a introdução do voto feminino no país, em 1932, que a obrigatoriedade vigeu para todas as mulheres. Também introduziu sanções mais severas para quem não comparecesse às urnas. Além de multa (entre 5% e 20% do salário-mínimo), os faltosos que não justificassem a ausência perante a Justiça não poderiam: inscrever-se em concursos nem receber salários (caso de funcionários públicos ou de funcionários de estatais); obter empréstimos bancários; renovar matrícula em estabelecimento de ensino; obter passaporte ou carteira de identidade.

O alistamento e o número de eleitores

No capítulo anterior vimos que houve um crescimento constante do total de eleitores que compareceram para votar (calculados como proporção da população em idade de voto) ao longo do período 1945-62 (ver Gráfico 3, no Capítulo 4). O Gráfico 5, a seguir, apresenta os resultados das mesmas estatísticas nas cinco eleições para a Câmara dos Deputados realizadas durante o regime militar (1966, 1970, 1974, 1978 e 1982).

O padrão é semelhante: um crescimento constante ao longo do período. A linha superior apresenta a evolução do eleitorado inscrito sobre a população total em idade de voto. A linha inferior mostra o total de eleitores que compareceram sobre o total de eleitores inscritos; esses números são menos vulneráveis aos problemas de inflação com o cadastro de eleitores (por duplicação, fraudes ou não retiradas dos nomes dos mortos). Ao longo do período há um crescimento de cerca de 34 pontos percentuais: de 39% em 1966 para 73% em 1982. É importante salientar que esse fenômeno ocorreu mesmo após as disputas terem ficado menos competitivas, devido ao fechamento dos partidos e à cassação de lideranças de oposição.

Gráfico 5. Percentual do eleitorado e do comparecimento sobre a população em idade de voto. Brasil, eleições para a Câmara dos Deputados, 1966-82

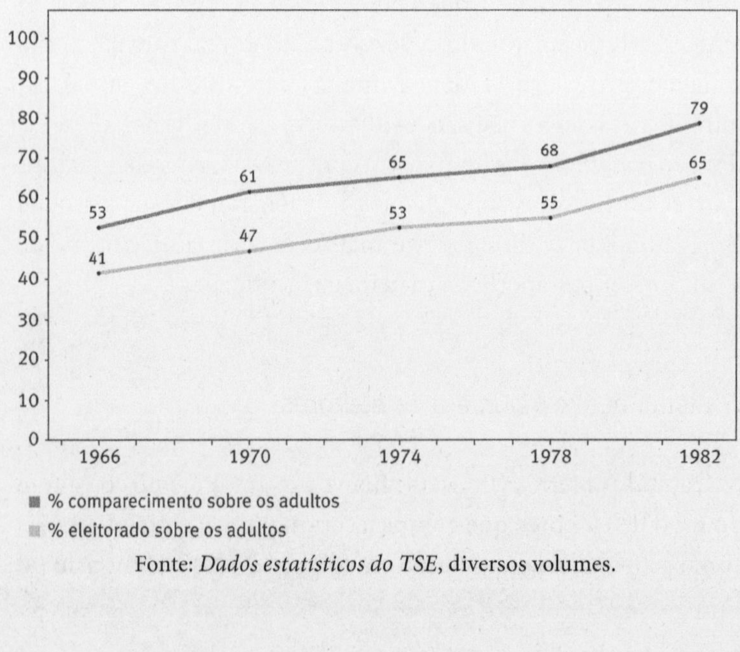

Fonte: *Dados estatísticos do TSE*, diversos volumes.

Que fatores podem ter contribuído para que o eleitorado brasileiro tenha crescido de maneira tão acentuada justamente em um período em que as eleições tiveram tão pouca importância para definir os resultados das políticas implementadas pelo governo? Dois fatores devem ser considerados. O primeiro, de ordem institucional, está associado à ampliação da obrigatoriedade de alistamento para todas as mulheres e a introdução de um número maior de sanções para os eleitores faltosos. Agora, além de pagar multa, os eleitores que não provassem o seu comparecimento às urnas teriam uma série de dificuldades em sua vida privada.

Um segundo fator está associado ao perfil escolar da população brasileira. Com a ampliação do número de crianças na escola nas décadas de 1940 e 1950, aumentou o contingente de jovens alfabetizados, os quais, por sua vez, eram obrigados pela legislação a se alistar.[30] Embora a taxa de analfabetos adultos fosse ainda muito alta, ela caiu catorze pontos percentuais, segundo dados dos Censos demográficos realizados no período: 1960 (40%); 1970 (34%); e 1980 (26%).

Os sistemas eleitorais

Como vimos na seção de abertura deste capítulo, os legisladores do regime militar foram pródigos em interferir nas regras das eleições para o Executivo (introdução de eleições indiretas, alteração do calendário e da duração do mandato) e até para o Senado (criação do senador biônico). Mas as regras de escolha de deputados federais, deputados estaduais e vereadores praticamente não foram alteradas. A versão da representação proporcional de lista aberta em vigor no momento do golpe de 1964 foi confirmada pelo Código Eleitoral de 1965 e vigorou em todas as eleições realizadas no período. A única mudança foi a proibição de os partidos se coligarem nas eleições, e dessa forma terem seus votos somados.[31]

A proibição de coligação foi definida inicialmente em julho de 1965, antes, portanto, que os partidos da República de 1946 fossem extintos. Porém, a vigência dessa norma teve pouco impacto nas décadas de 1960 e 1970, uma vez que se restringiu à (pouco provável) aliança entre os candidatos da Arena e do MDB. Já nas eleições de 1982 afetou, particularmente, os quatro partidos criados por lideranças de oposição, visto que, ainda frágeis em muitos estados, eles teriam se beneficiado se as coligações fossem permitidas.

O processo de votação e as fraudes

O processo de votação nas eleições durante o regime militar é muito semelhante ao das eleições realizadas no fim do regime de 1946. Um aspecto a ser destacado é que o título de eleitor adotado a partir de 1956 continuou a ser usado. O eleitor comparecia à sua seção eleitoral, recebia a cédula oficial e dirigia-se à cabine de votação, onde, em sigilo, a preenchia e, em seguida, a depositava na urna.[32]

A legislação previa que nas disputas para cargos majoritários (prefeitos e senadores) a cédula deveria trazer o nome de todos os candidatos, cabendo ao eleitor assinalar o de sua preferência. Nas disputas para cargos proporcionais, o eleitor deveria escrever o nome (ou número) do candidato ou do partido (voto de legenda). Caso votasse em partidos diferentes nas eleições para deputado federal e estadual, seu voto seria considerado nulo.[33] Esse padrão vigorou nas eleições realizadas entre 1966 e 1978.

Para as eleições seguintes (1982), os legisladores inovaram e criaram uma série de restrições que afetaram a ação dos partidos e a escolha dos eleitores. A primeira delas foi a obrigatoriedade de que os partidos teriam de apresentar candidatos para todos os cargos em disputa nos estados em que concorressem.[34] Essa medida afetou particularmente o PDT, o PTB e o PT, que precisaram transferir suas principais lideranças da disputa de cargos proporcionais (onde tinham grandes chances de se eleger) para a disputa por governos de estado e por vagas no Senado.

A segunda restrição foi a exigência de que os eleitores votassem em um único partido para todos os cargos em disputa, dispositivo que ficou conhecido no meio político como "voto vinculado".[35] Assim, um eleitor que escolhesse, por exemplo, um candidato a governador do PTB era obrigado a votar em nomes do mesmo partido para todos os cargos em disputa (senador, deputado federal, deputado estadual, prefeito e vereador).[36] Em eleição em que houve uma grande centralidade na disputa do cargo de governador, o voto vinculado favoreceu os dois maiores partidos (PMDB e PDS), que possuíam nomes mais competitivos para as disputas. Essa foi a primeira (e única) eleição da história brasileira em que o eleitor teve de votar em nomes do mesmo partido para cargos do Executivo e do Legislativo.

Em que pese a obrigatoriedade de o eleitor votar em candidatos de um mesmo partido, a legislação passou a contar como nulos os votos dados na legenda sem a identificação de um candidato.[37] Desde 1945 o voto de legenda era contado para fins de distribuição de cadeiras. Nas eleições para a Câmara dos Deputados de 1978, o MDB obteve 1,97 milhão de votos de legenda (a Arena recebeu apenas 498 mil); somente em São Paulo, o voto de legenda garantiu a eleição de oito deputados federais.[38] O temor de que tal fenômeno se reproduzisse em 1982 e favorecesse novamente a oposição teria sido a principal razão para a proibição do voto de legenda.

A Imagem 13 reproduz uma cédula utilizada em 1982. Observe que o eleitor era obrigado a escrever o nome (ou o número) de todos os candidatos para seu voto ter validade. Essa foi outra inovação de 1982. Todas as cédulas oficiais anteriores traziam a lista de candidatos ao Executivo, cabendo ao eleitor fazer um x ao lado do nome preferido.

No capítulo anterior vimos que, apesar de avanços na legislação eleitoral, as fraudes eram uma prática comum (ainda que não alterassem os resultados das eleições para os cargos mais importantes) no período 1945-64. As fraudes eleitorais teriam continuado durante o regime militar?

Os estudiosos que se dedicaram às eleições do período concentraram seus esforços em associar os resultados das disputas às questões mais gerais da conjuntura política, com ênfase em dois aspectos: as mudanças feitas na legislação eleitoral com o objetivo de favorecer a Arena e o papel das eleições no processo mais amplo de democratização do país.[39] Por essa razão, sabemos muito pouco sobre em que escala as fraudes teriam ocorrido entre 1964 e 1985. Mas como a forma de alistamento e o processo de votação em vigor durante a República de 1946 praticamente não foram alterados durante o regime militar, é razoável imaginar que as fraudes eleitorais não tenham sido totalmente eliminadas e tenham continuado a afetar de forma marginal os resultados das eleições.[40]

Em linhas gerais, os tipos de fraudes eleitorais empregados nas eleições do regime militar eram iguais aos já utilizados no Brasil desde os anos 1950, quando as eleições passaram a ser realizadas mais regularmente: inscrever o eleitor para votar em mais de uma seção eleitoral, votar com o título de outro eleitor, adulterar os votos durante a contagem, trocar cédulas, adulterar os mapas finais de votação. Além, é claro, do uso de violência para inibir eleitores e da "compra" de votos.[41]

6. Democracia atual (1985-2012)

O quadro geral das eleições

A campanha cívica que contou com maior envolvimento dos cidadãos na história política brasileira foi organizada em torno de um tema eleitoral: o voto direto para presidente da República. Entre novembro de 1983 e abril de 1984, o movimento Diretas Já organizou comícios e passeatas em dezenas de cidades brasileiras. Seu principal objetivo era dar apoio a uma Emenda Constitucional que tramitava no Congresso e propunha a adoção das eleições diretas para a Presidência. Em abril de 1984, a emenda foi rejeitada no plenário da Câmara dos Deputados, já que não obteve os 320 votos necessários.[1] Após a não aprovação das eleições diretas, alguns segmentos de oposição resolveram apoiar a candidatura de dois civis nas eleições indiretas. Em 15 de janeiro de 1985, Tancredo Neves (PMDB) e José Sarney (ex-presidente do PDS, recém-filiado ao PMDB para a disputa presidencial) foram eleitos no Colégio Eleitoral, respectivamente, presidente e vice-presidente da República.

Em 15 de março de 1985, com a posse de José Sarney – o primeiro presidente civil a assumir a Presidência da República após 21 anos –, o ciclo de governos militares chegava ao fim no Brasil. A segunda metade da década de 1980 seria marcada pela adoção de uma série de medidas para a consolidação do regime democrático: concessão de votos aos eleitores analfabetos; liberalização das regras para a criação de novos partidos; eleições diretas para cargos que haviam perdido a elegibilidade durante o regime militar (presidente, senadores biônicos e prefeitos de capital e de áreas de segurança nacional); promulgação de uma nova Constituição.

O Congresso Nacional aprovou, em maio de 1985, uma Emenda Constitucional (n.25) restituindo o voto direto para a Presidência da República e para as prefeituras.[2] A emenda não marcou data para a eleição presidencial, mas definiu para o dia 15 de novembro do mesmo ano as eleições diretas para prefeito. Nessa data foram eleitos os prefeitos das capitais, das cidades classificadas como áreas de segurança nacional durante o regime militar e dos municípios recém-criados.[3]

Como vimos no capítulo anterior, as regras definidas no fim do regime militar para o registro de novos partidos eram rigorosas e restritivas. Mas elas foram flexibilizadas pela Emenda Constitucional n.25, o que permitiu que as legendas em processo de formação e as que tivessem tido o registro cassado participassem das eleições já em 1985. Com as novas regras, além dos cinco partidos registrados no fim do regime militar, mais 23 apresentaram candidatos nas eleições municipais daquele ano, entre eles o Partido Socialista Brasileiro (PSB), o Partido Comunista Brasileiro (PCB), o Partido Comunista do Brasil (PCdoB) e o Partido Liberal (PL).[4]

As eleições de 15 de novembro de 1986 tiveram uma importância especial no processo de redemocratização do país. Os novos deputados e senadores eleitos nessa data foram responsáveis pela elaboração da nova Constituição do país.[5] Nesse ano foram renovadas as vagas dos dois senadores eleitos em 1978, um deles escolhido em votação indireta (senador biônico). Curiosamente, a regra da sublegenda, tão associada às eleições do regime militar, foi utilizada nas eleições senatoriais: cada partido pôde apresentar até duas chapas com três candidatos. (Na imagem 14, a cédula eleitoral do estado do Rio de Janeiro mostra como as chapas com os candidatos em sublegenda eram apresentadas aos eleitores.) Mas esta foi a última vez que o sistema de sublegenda foi empregado. A partir de 1990, os senadores passaram a ser eleitos por um sistema de maioria simples, com variações segundo o número de cargos em disputa: no ano em que é eleito um senador, cada partido pode apresentar um candidato, sendo eleito o nome mais votado; nas eleições seguintes, quando dois cargos estão em disputa, cada partido pode apresentar até dois nomes, e os dois mais votados se elegem.

A Constituição de 1988 manteve, em linhas gerais, as escolhas institucionais da Carta de 1946:[6] presidencialismo, com chefe do Executivo eleito pelo voto direto; Congresso Nacional composto por duas Casas (Senado e Câmara dos Deputados); escolha dos deputados federais pelo sistema proporcional para mandatos de quatro anos e dos senadores pelo sistema majoritário para mandatos de oito anos; reprodução do sistema de divisão de Poderes no âmbito estadual (com eleição direta dos governadores e das Assembleias Legislativas) e municipal (com eleição direta dos prefeitos e das Câmaras Municipais).

Uma alteração importante trazida pela Carta de 1988 foi a adoção do sistema de maioria absoluta em dois turnos para a escolha dos chefes do Executivo. O presidente, os governadores e os prefeitos das cidades com mais de 200 mil eleitores passaram a ser eleitos pelo sistema de dois turnos.[7] Se um dos candidatos obtivesse mais de 50% dos votos válidos no primeiro turno (excluídos os brancos e os nulos), ele estaria eleito. Caso isso não ocorresse, seria realizada uma nova eleição (segundo turno), em que apenas os dois mais votados competiriam. Os municípios com menos de 200 mil eleitores continuaram a eleger seus prefeitos segundo o sistema de maioria simples.

À época da Assembleia Constituinte, o sistema de dois turnos era utilizado com sucesso para a escolha dos presidentes da França e de Portugal. Os dois turnos têm duas vantagens em relação ao sistema de maioria simples, utilizado nas eleições brasileiras até então: estimula os pequenos partidos a apresentar candidatos no primeiro turno e garante maior legitimidade ao eleito, já que este sempre terá o apoio de mais da metade dos eleitores que comparecem às urnas.[8] A experiência da República de 1946, na qual três dos quatro presidentes eleitos tiveram votações abaixo de 50%, foi certamente um incentivo para que os constituintes optassem pela nova regra.[9]

Nas eleições realizadas no país entre 1946-64, o eleitor votava separadamente (embora na mesma eleição) para os cargos de presidente e vice-presidente, governador e vice-governador, prefeito e vice-prefeito. O Código Eleitoral de 1965, porém, estabeleceu que todos os chefes do Executivo seriam eleitos em chapas únicas.[10] A Constituição de 1988 confirmou esta opção: os partidos (ou coligações) inscrevem os nomes de um candidato a chefe de Executivo e de seu vice, mas o eleitor vota apenas no nome do primeiro.

Outra mudança importante quando comparamos as instituições eleitorais da República de 1946 com as do período pós-1985 diz respeito ao calendário eleitoral. Como vimos no Capítulo 4, durante o período 1946-64 não havia uma data nacional para a eleição de governadores e prefeitos. Estas variavam segundo o estabelecido pelas Constituições estaduais. A Carta de 1967 estabeleceu que as eleições municipais seriam realizadas em todo o país em uma mesma data dois anos antes das eleições gerais. As primeiras a cumprirem essa regra foram as eleições de 1972. Mas a prorrogação para seis anos do mandato dos prefeitos eleitos em 1976 fez com que, em 1982, as eleições para cargos municipais coincidissem com a dos cargos estaduais. Os prefeitos eleitos em 1982 cumpriram mandatos de seis anos, o que permitiu "desalinhar" definitivamente o calendário eleitoral do país. Em 1988 foi realizada a primeira eleição da história republicana em que os cargos eletivos de todos os municípios do território nacional foram escolhidos pelo voto direto. A partir de então os ciclos das eleições municipais passaram a acontecer dois anos antes das eleições gerais.

Em 15 de novembro de 1989 foram realizadas eleições diretas para a Presidência. Depois de quase três décadas, um presidente voltava a ser eleito pelo voto direto. A eleição do novo presidente fechou o ciclo de eleições diretas do sistema representativo brasileiro. No dia 1º de fevereiro, data em que Fernando Collor de Melo tomou posse na Presidência da República, todos os cargos de chefes de Executivo do país (governadores, prefeitos) e de membros do Legislativo (senadores, deputados federais e estaduais e vereadores) eram ocupados por indivíduos escolhidos pelo voto popular. Vale a pena destacar que essa foi a primeira vez que tal fato acontecia na história do país.

A Constituição de 1988 definiu que a duração do mandato de presidente seria de cinco anos. Dessa forma, nas eleições seguintes, realizadas em 1994, houve uma coincidência da disputa presidencial com a renovação do Congresso Nacional e dos cargos estaduais. No sistema aprovado pelos constituintes – com mandato presidencial renovado a cada cinco anos e dos congressistas a cada quatro –, a coincidência de pleitos ocorreria de novo somente em 2014. Esse fato trazia duas consequências para o funcionamento do sistema presidencialista. A primeira é que em alguns pleitos o presidente seria eleito em eleições "solteiras", ou seja, separadas da eleição de qualquer outro cargo; por exemplo, pelo calendário, a próxima eleição se daria em 1999. A segunda é que os presidentes teriam de lidar com eleições para a renovação do Congresso ao longo de seu governo.

A experiência das eleições "solteiras" de 1989 e da renovação do Congresso em novembro de 1990, no primeiro ano do governo Collor, foi vista por alguns atores políticos como fatores de instabilidade do regime presidencial no Brasil.[11] Em junho de 1994, o Congresso aprovou uma Emenda Constitucional reduzindo o mandato do presidente da República de cinco para quatro anos.[12] A partir de então, as eleições presidenciais passaram a ocorrer simultaneamente às eleições para o Congresso Nacional, os governos estaduais e as Assembleias Legislativas.

Com a redução do mandato presidencial para quatro anos, o tema da reeleição do mandatário passou a frequentar o debate político, numa clara alusão ao modelo em vigor nos Estados Unidos, que permite ao presidente se recandidatar para mais um mandato sucessivo. Pelas regras até então em vigor, o chefe do Executivo só poderia se reapresentar para o posto se cumprisse uma "quarentena" de um mandato. A partir de fins de 1996, alguns ministros e lideranças do governo Fernando Henrique Cardoso começaram a se empenhar na defesa da emenda da reeleição que tramitava no Congresso. Em junho de 1997 a Emenda Constitucional que garantiu que todos os chefes do Executivo (presidente, governadores e prefeitos) poderiam ser reeleitos para um mandato subsequente[13] e nas eleições do ano seguinte, Fernando Henrique já se beneficiou da nova regra e se tornou o primeiro presidente da história brasileira a ser reeleito.

As normas para a formação de partidos foram bastante liberais durante a primeira década do regime democrático. Para obter o registro provisório no Tribunal Superior Eleitoral, bastava que o partido apresentasse um programa e uma lista de 101 fundadores. Para a obtenção do registro definitivo as regras eram mais exigentes, mas essa distinção teve poucas consequência práticas, pois em todas as eleições realizadas no período (1985, 1986, 1988, 1989, 1990 e 1994) os partidos com registro provisório puderam apresentar candidatos. Sessenta e sete legendas o fizeram nessas eleições, entre elas o Partido da Social Democracia Brasileira (PSDB), fundado em 1998.[14] Em 1995, uma nova lei que regulou a atividade dos partidos políticos estabeleceu normas bem mais exigentes.[15] Para obter registro definitivo, passou a ser necessário apresentar uma lista com milhares de assinaturas (pelo menos 0,5% dos votos válidos na última eleição para a Câmara dos Deputados, o equivalente a 490 mil eleitores para os dados de 2010) oriundas de, pelo menos, nove estados (com no mínimo 0,1% do total do comparecimento eleitoral de cada estado).[16] Apenas três partidos obtiveram o registro depois que tais regras entraram em vigor.[17]

Em 1997, o Congresso aprovou uma lei definitiva para regular as eleições.[18] Até então, cada pleito era regulado por uma legislação específica, o que fazia com que em muitos aspectos (número de candidatos, distribuição do tempo no horário eleitoral gratuito, gastos de campanha, regras para propaganda eleitoral) tenha havido enorme variação das regras de um pleito para outro. Entre outros tópicos, foram definidos: o prazo de um ano para domicílio e filiação a um partido para ser candidato; normas detalhadas para prestação de gastos de campanha; uma nova data para a realização das eleições (primeiro e último domingo de outubro); número de candidatos que um partido pode apresentar para cargos proporcionais; e critérios para a realização de debates, divulgação da propaganda eleitoral e distribuição do tempo do horário eleitoral no rádio e na televisão.

O direito de voto

Dois passos fundamentais para a ampliação do direito de voto no Brasil foram a suspensão do censo econômico, em 1889, e a concessão do direito de voto às mulheres, em 1932. Porém, o sufrágio universal não era uma realidade no país até o fim do regime militar, por conta da proibição de que os analfabetos pudessem votar. Em maio de 1985, essa restrição foi eliminada. A Emenda Constitucional n.25 estabeleceu a idade como o único critério para definir quem poderia ser eleitor: "São eleitores os brasileiros que, à data da eleição, contem dezoito anos ou mais, alistados na forma da lei."[19]

No Brasil, a proibição de que adultos que não soubessem ler e escrever pudessem ser eleitores começou no fim do Império (1882), foi confirmada por um decreto baixado pelo primeiro governo republicano (1889) e sobreviveu a diversas alterações de regime político e a três Assembleias Constituintes (1891, 1933 e 1946). O Brasil foi o último país a estender o direito de voto aos analfabetos. Em outros países, a exigência de que os eleitores fossem alfabetizados (ou tivessem um grau mínimo de escolaridade) não foi tão frequente como as restrições de renda e propriedade. Na Europa, apenas Portugal condicionou o direito de voto nas eleições nacionais à alfabetização, exigência que foi suprimida em 1974. Já na América Latina, em muitos países os analfabetos só conquistaram o direito de voto no século XX: Uruguai (1918); Venezuela (1946); Bolívia (1952); Chile (1970); Equador (1978); e Peru (1979).[20]

A Constituição de 1988 confirmou o sufrágio universal, inovou ao ampliar o direito de voto para os jovens de dezesseis e dezessete anos e manteve a obrigatoriedade de alistamento e de voto para todos os cidadãos acima de dezoito anos. Porém, a obrigatoriedade não se estendeu aos novos segmentos recém-incorporados ao processo eleitoral. A Constituição definiu que o alistamento e o voto seriam facultativos para os analfabetos, para os jovens de dezesseis e de dezessete anos, assim como para os maiores de setenta anos. Além disso, os analfabetos foram considerados inelegíveis, ou seja, eles têm direito a voto, mas não podem se candidatar.[21]

Afinal, o que acontece com os indivíduos que completam dezoito anos e não se alistam como eleitores? Que punições recebem os eleitores que não comparecem para votar? As sanções para os que violam a regra da obrigatoriedade de alistamento e voto foram definidas pelo Código Eleitoral de 1965 e ainda estão em vigor. Os brasileiros que não se alistarem até completar dezenove anos pagam uma multa cujo valor é definido pelo juiz (de acordo com a condição econômica do infrator) e que pode variar entre R$1,05 e R$35,14; a multa é cobrada no momento da inscrição.[22]

Um aspecto interessante da legislação brasileira é a figura da "abstenção justificada", que permite ao eleitor que não tenha comparecido para votar, por estar fora do seu domicílio eleitoral (município no qual ele é inscrito para votar) ou enfermo, justificar sua ausência. Os que estão fora do domicílio eleitoral têm de preencher um formulário de justificativa que deve ser entregue em um local definido pela Justiça Eleitoral. Os que estavam enfermos têm até 60 dias após o dia das eleições para justificar sua ausência. Do contrário, pagam uma multa cujos valores também variam entre R$1,05 e R$35,14.

A lei prevê, ainda, uma série de dificuldades para o eleitor que não foi às urnas, não justificou sua ausência e não pagou multa. Ele não pode se inscrever em concurso ou prova para cargo público; receber salários se tiver emprego público ou trabalhar em empresas com participação do Estado; participar de concorrência pública; obter empréstimos em bancos e empresas estatais; tirar passaporte ou carteira de identidade; renovar matrícula em estabelecimento de ensino oficial.[23]

Desde 1988 está em vigor uma regra para cancelar a inscrição do eleitor. Caso ele falte a três eleições consecutivas (sem justificar ou pagar multa em até seis meses após o último pleito a que deveria ter comparecido) é automaticamente eliminado do cadastro de eleitores.[24] Portanto, mais do que a multa (cujo valor sempre foi relativamente baixo), as estratégias adotadas pelos legisladores brasileiros para fazer valer a obrigatoriedade do voto foi enfatizar os embaraços que o cidadão terá, no caso de não comparecer para votar. Não existem pesquisas que avaliem se tais exigências são realmente cumpridas pelos órgãos públicos, nem se elas influenciam o eleitor na sua decisão de comparecer para votar.

O alistamento e o número de eleitores

Segundo o Censo de 1980, existiam no país cerca de 26% de analfabetos entre os adultos. Portanto, quando os analfabetos conquistaram o direito de voto, ainda havia um grande potencial de novos eleitores a ser incorporado ao processo eleitoral. Nas eleições de novembro de 1985, apenas 65 mil analfabetos (0,3% do total de eleitores) se inscreveram.[25] Provavelmente, o prazo reduzido entre a promulgação da Emenda Constitucional (25 de maio) e a data final para o registro de novos eleitores (6 de agosto) contribuiu para que poucos tenham se alistado.[26]

Nos pleitos realizados entre 1958 e 1985 foi utilizado um único título eleitoral (ver Imagem 9). Em 1986, o TSE promoveu um recadastramento de todos os eleitores do país. Em substituição ao antigo sistema em que os dados dos votantes ficavam em fichas (folha individual de votação) nos cartórios eleitorais, foi criado um cadastro informatizado de âmbito nacional. Um novo título, agora sem fotografia, foi adotado.

O Gráfico 6 apresenta o percentual dos eleitores inscritos e dos que efetivamente votaram nas eleições para a Câmara dos Deputados realizadas entre 1986 e 2010. Para que o leitor tenha uma visão global do processo de ampliação do sufrágio no Brasil, os dados são apresentados a partir de 1945. Os traços na vertical dividem os três diferentes regimes políticos: a República de 1946; o regime militar; e a democracia pós-1985.[27]

A linha superior do gráfico apresenta o percentual de eleitores inscritos sobre o total de cidadãos em idade de voto. A partir da década de 1990, o percentual de eleitores ultrapassou os 90% da população adulta e passou a oscilar em torno de 95%, o que significa dizer que há um patamar ainda residual de alistáveis que não foram incorporados ao processo eleitoral. Não existem pesquisas

GRÁFICO 6. Percentual do eleitorado e do comparecimento sobre a população em idade de voto. Eleições para a Câmara dos Deputados, 1945-2010

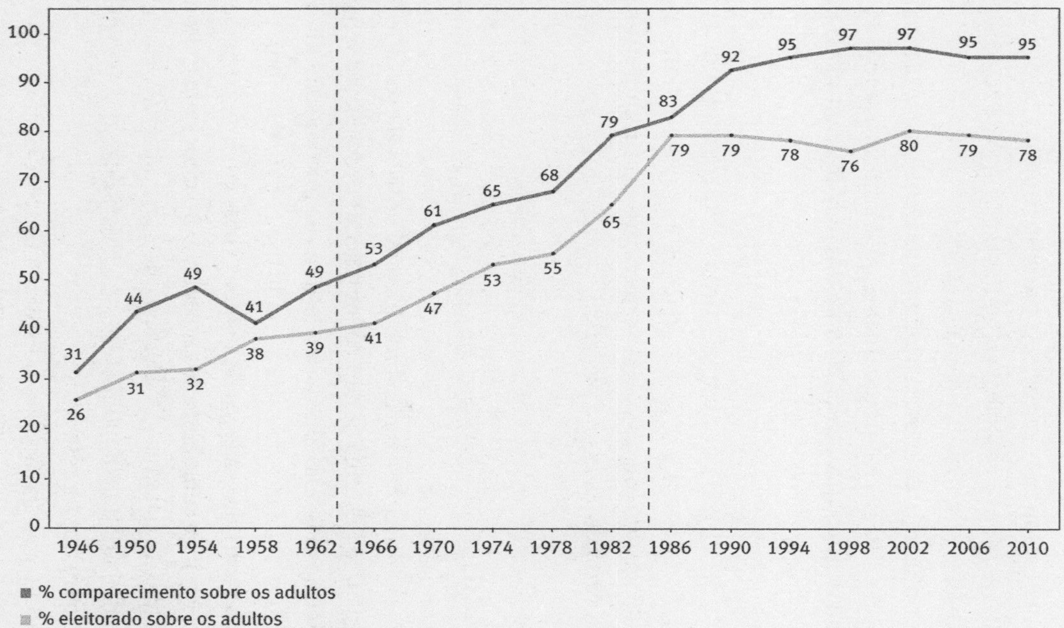

Fonte: *Dados estatísticos do Brasil*, diversos volumes.

sobre o perfil dos indivíduos não alistados, mas pelas regras em vigor é razoável supor que entre eles esteja um alto contingente de representantes dos segmentos para os quais o alistamento é facultativo: jovens de dezesseis e dezessete anos, idosos com mais de setenta anos e analfabetos (segundo o Censo de 2010 eles ainda representavam 10% da população adulta).[28]

A linha inferior mostra o volume de eleitores que efetivamente votou. O número é praticamente constante durante o atual período democrático: cerca de 80% dos cidadãos em idade de voto compareceram para votar. Entre os 20% que não compareceram estão os cidadãos que não se alistaram e os alistados que, por alguma razão, não puderam ir às urnas. É interessante observar que as duas datas em que as duas retas estão mais próximas são 1958 e 1986, justamente as que se seguem aos dois recadastramentos eleitorais realizados no período.

Os sistemas eleitorais

A versão de representação proporcional de lista aberta utilizada no Brasil para a escolha de deputados federais e estaduais e vereadores sofreu apenas duas alterações desde a sua implantação, em 1950. A primeira foi a mudança da fórmula usada para distribuir as cadeiras: a partir das eleições de 1994, os votos em branco passaram a não ser mais contabilizados no cálculo do quociente eleitoral (ver detalhes no Capítulo 3).[29] Dessa maneira o quociente eleitoral ficou mais baixo, aumentando, assim, as chances de os menores partidos elegerem um representante.

A outra alteração feita no sistema proporcional está associada às regras das coligações. Durante as eleições realizadas no período 1945-64 os partidos tinham a liberdade de se coligarem nas disputas proporcionais, o que, a rigor, significa que no momento da distribuição de cadeiras os votos da coligação são tratados como se eles fossem um único partido. Os legisladores do regime militar proibiram qualquer forma de coligação nas eleições legislativas (bem como nas disputas para o Executivo). Com a redemocratização do país, as coligações voltaram a ser permitidas.

Outra alteração trazida pela Emenda n.25, de maio de 1985, foi a permissão de que os partidos se coligassem tanto nas eleições proporcionais quanto nas disputas para o Executivo.[30] Desde então, os partidos têm a liberdade de escolher se concorrerão sozinhos ou se farão coligações nas eleições. O que variou ao longo da atual experiência democrática foram as regras de "alinhamento" das coligações entre os diversos cargos. Os partidos podem coligar-se para um cargo e não para outro? São obrigados a repetir a mesma coligação na disputa para o Executivo e para o Legislativo?

A legislação que regulou as eleições de 1986 e 1990 proibiu que os partidos celebrassem coligações com partidos diferentes dentro da mesma circunscrição. Como nesses anos não houve eleição presidencial, a restrição afetou apenas a composição das coligações para deputado federal e estadual e governador.[31] Nesse caso, um conjunto de partidos (A, B, C) coligados para disputar o governo de estado poderia compor diferentes estratégias de coligação para deputado federal, senador e deputado estadual (AB, AC, BC, ABC), mas não podia aliar-se a outro partido (D). Nas eleições gerais, realizadas a partir de 1994, em que o presidente passou a ser eleito simultaneamente aos cargos estaduais e aos cargos de deputado federal e de senador, uma nova questão surgiu: é possível a um partido que participa de uma coligação estadual apoiar outro na eleição presidencial?

Nas eleições de 1994 e 1998 os partidos tiveram a liberdade de fazer coligações estaduais diferentes no âmbito nacional estadual, ou seja, partidos rivais nas disputas para presidente poderiam estar juntos em determinados estados. Em março de 2002, o TSE baixou uma instrução proibindo que eles fizessem coligações conflitantes: partidos coligados nas disputas para presidente poderiam apresentar candidatos próprios nos estados, mas não aliar-se a outros que concorriam com nomes próprios ou coligados à Presidência.[32] Por exemplo, a coligação presidencial de três partidos (A, B, C) poderia assumir diferentes configurações nos estados, mas nenhum deles poderia se aliar a um dos partidos de uma outra aliança presidencial (D, E). A "verticalização" – nome pelo qual a nova regra ficou conhecida no meio político – vigorou nas eleições de 2002 e 2006.[33]

A resolução do TSE que criou a regra da verticalização foi uma das mais polêmicas da história da instituição. Para alguns intérpretes, a Justiça Eleitoral estabeleceu normas novas, excedendo as suas funções tradicionais de regular e fiscalizar o pleito.[34] A controvérsia chegou ao Supremo Tribunal Federal, que julgou a medida constitucional. Mas em março de 2006 o Congresso Nacional aprovou uma Emenda Constitucional, em que reconhecia a autonomia dos partidos para celebrar coligações estaduais com legendas rivais nas disputas presidenciais.[35] Dessa maneira, a verticalização deixou de valer a partir das eleições de 2010.

Desde meados da década de 1990, alguns setores da elite política e estudiosos passaram a defender a reforma das instituições eleitorais do país. Em todas as legislaturas, desde 1995, foram organizadas comissões especiais para promover a "reforma política". Os temas mais debatidos foram a substituição da representação proporcional por um outro sistema eleitoral e um novo modelo de financiamento de campanhas.[36] Em 2007, o plenário da Câmara dos Deputados chegou a votar (e não aprovar) duas propostas para adotar um novo modelo de representação proporcional no Brasil.[37]

O processo de votação e as fraudes

Nas eleições realizadas durante a primeira década após o fim do regime militar (1985, 1986, 1988, 1989, 1990, 1992 e 1994), o processo de votação era muito semelhante ao estabelecido desde os anos 1950. O eleitor comparecia à seção eleitoral designada no seu título de eleitor, recebia a cédula oficial, dirigia-se a um lugar retirado onde fazia a sua escolha e, finalmente, depositava seu voto em uma urna de lona. A cédula trazia a lista de todos os nomes que concorriam a cargos majoritários (presidente, governador, senador e prefeito) e cabia ao eleitor simplesmente assinalar o seu candidato. Já para os cargos proporcionais (deputado federal, deputado estadual e vereador) a cédula apresentava uma lista de todas as legendas e um espaço para que o eleitor redigisse o nome (ou número) do seu candidato; caso assinalasse apenas um dos partidos, o voto era contado para a legenda (ver Imagem 14).[38]

Ao fim dos trabalhos, as urnas de cada mesa eleitoral eram lacradas e enviadas para um espaço público (quase sempre ginásios esportivos), onde os votos eram apurados; nas grandes cidades eram organizadas várias Juntas Apuradoras. A contagem dos votos era lenta e, dependendo do número de eleitores, podia durar vários dias. As urnas eram apuradas individualmente. O processo começava pela leitura feita pelos escrutinadores de cada voto em voz alta; depois, os votos em branco e os nulos eram identificados e carimbados para evitar qualquer adulteração; e, em seguida, eram contados os votos dos candidatos. A Junta Apuradora expedia então um mapa com a votação de cada urna e um boletim com o resultado final da votação, que eram enviados aos Tribunais Regionais Eleitorais (TREs). Nas eleições municipais, cabia às Juntas Apuradoras a responsabilidade por proclamar os resultados finais. Para os outros cargos (inclusive as parciais das eleições presidenciais) tal tarefa era realizada pelo TRE.[39]

Como visto nos capítulos anteriores, as fraudes eleitorais podiam acontecer em três diferentes momentos: no alistamento dos eleitores, durante a votação propriamente dita e na apuração. As fraudes de alistamento foram praticamente extintas em 1986, com a informatização e a criação de uma listagem de eleitores nacionais. A cada ano em que há eleições, a Justiça Eleitoral faz um levantamento cuidadoso de eventuais duplicações de eleitores.[40]

As fraudes realizadas durante o processo de votação precisavam contar com a conivência dos membros da mesa eleitoral e dos fiscais dos partidos, para que não fossem identificadas na fase de apuração dos votos. Não existem estudos sistemáticos sobre a magnitude das fraudes nas eleições realizadas a partir de 1985, mas é razoável imaginar que elas tenham diminuído devido ao aumento do número de candidatos e partidos que passaram a fiscalizar as eleições.

O principal tipo de fraude acontecia durante a apuração. As adulterações mais frequentes eram o preenchimento das cédulas deixadas em branco, a rasura dos votos dados aos candidatos adversários e, sobretudo, a falsificação dos boletins com a totalização dos votos. Nas eleições de outubro de 1994, as fraudes durante a apuração em determinadas Zonas Eleitorais do Rio de Janeiro foram de tal magnitude que o TRE do Rio de Janeiro anulou os resultados do pleito para deputado federal e estadual. Todos os eleitores fluminenses tiveram de votar novamente para esses cargos no dia marcado para as eleições do segundo turno de governador.[41]

Desde o começo dos anos 1990, a Justiça Eleitoral vinha realizando testes em alguns municípios brasileiros, com o intuito de adotar algum modelo de voto eletrônico. Em 1996, o TSE adotou a urna eletrônica em substituição à cédula de papel em 37 cidades (capitais e municípios com mais de 200 mil eleitores), nos quais residiam 32% do eleitorado do país (a Imagem 15 mostra a primeira urna eletrônica usada no país). Em 1998, o voto eletrônico foi utilizado pela primeira vez em eleições nacionais. Em quatro estados (Alagoas, Rio de Janeiro, Roraima e Amapá) e no Distrito Federal todos os eleitores votaram eletronicamente. Nos outros estados, ele foi adotado nas cidades com mais de 40.500 eleitores; os municípios abaixo desse patamar continuaram a usar a cédula de papel. O novo modelo de votação foi utilizado por 58% do eleitorado, residente em 537 cidades.[42] As eleições municipais realizadas em 2000 foram as primeiras em que todos os eleitores utilizaram a urna eletrônica.

A maioria dos países ainda adota a cédula de papel. O Brasil foi o primeiro país a adotar a urna eletrônica em eleições nacionais. A Índia introduziu um sistema semelhante em 2002. Na Alemanha, o sistema eletrônico de votação foi considerado inconstitucional, com o argumento de que o voto deve ser público. O Reino Unido – país que realiza eleições legislativas por mais tempo – fez um detalhado estudo e desistiu de adotar o voto eletrônico por conta de seu alto custo.[43]

A urna eletrônica mudou completamente a forma de o eleitor expressar a sua escolha. No lugar de assinalar ou redigir nomes em uma cédula de papel, ele passou a ter que teclar os números dos candidatos para cada cargo. Outra mudança é que o eleitor tem de, compulsoriamente, expressar a escolha para um cargo para poder votar no cargo seguinte; por exemplo, em uma eleição municipal, só depois de digitar o número do vereador (ou um número que não seja de um candidato, para anular) é aberta a janela para o voto de prefeito.[44]

Dois dispositivos da urna eletrônica facilitaram, particularmente, o voto dos eleitores de baixa escolaridade: o uso de um teclado cujos números têm a mesma disposição dos teclados telefônicos e a apresentação da fotografia do candidato na tela após a digitação do seu número. Esse aspecto é importante de ser considerado, já que o Brasil nunca utilizou uma cédula que contivesse fotografias e imagens, que facilitam a escolha de eleitores. O uso de cédulas eleitorais com fotografias de candidatos, desenhos e símbolos para facilitar o voto dos eleitores é uma prática comum em diversos países da América Latina, da África e, particularmente, na Índia, antes que esta tivesse adotado o voto eletrônico, em 2002.[45]

A adoção da urna eletrônica foi um passo decisivo para a extinção de fraudes eleitorais no Brasil, sobretudo as promovidas durante o processo de apuração dos votos. Teoricamente, o sistema empregado na urna pode ser violado. Por essa razão, a cada eleição, o TSE tem submetido a urna eletrônica a testes mais rígidos de segurança. O ponto mais vulnerável do novo sistema não tem a ver com a vulnerabilidade tecnológica da urna, mas com a possibilidade ainda existente de um cidadão votar em lugar de outro. A opção da Justiça Eleitoral para eliminar a possibilidade de um eleitor votar pelo outro foi a adoção do voto biométrico (reconhecimento pelas impressões digitais), que tem sido usado em um número crescente de municípios.[46]

Palavras finais

Na Introdução, chamei a atenção para o fato de que a invenção das eleições precedeu, historicamente, a formação das democracias contemporâneas. A história do Brasil é um excelente exemplo disso. Governantes foram escolhidos pelo voto em diferentes regimes políticos – no Império, em diversas configurações dos regimes políticos durante a República e até na ditadura militar. Foi somente a partir do fim da década de 1980 – com a promulgação da Constituição de 1988 e as eleições presidenciais de 1989 – que podemos dizer que as eleições, enfim, encontraram a democracia no país.

Os estudiosos dos regimes políticos consideram que a realização de eleições limpas e competitivas é condição necessária para caracterizar um país como plenamente democrático. No entanto, isso não garante que outras dimensões do sistema representativo funcionem a contento. Nos últimos anos, alguns setores da elite política, intelectuais e organizações da sociedade civil têm feito críticas a certos aspectos do processo eleitoral brasileiro, como: financiamento ilegal das campanhas; distorções produzidas pelo sistema proporcional; reduzida importância dos partidos na arena eleitoral; voto obrigatório.

No entanto, a eficiência do processo eleitoral brasileiro - que tem combinado alta participação eleitoral, eleições com raras ocorrências de fraudes e ampla competição política - não deve ser desprezada. Quem acompanha os pleitos de países que se tornaram democráticos há pouco tempo sabe que eleições fraudadas e exclusão de determinados setores da sociedade da disputa eleitoral geram graves problemas de legitimidade. Talvez resida nas instituições eleitorais adotadas recentemente um fator fundamental para explicar a alta estabilidade política vivida pelo Brasil.

Cronologia

1824 Pela Constituição de 1824, votam apenas homens com mais de 25 anos (com mais de 21 anos, se casado ou se oficial militar; sem limite de idade, se clérigo ou bacharel). Mulheres e escravos não votam. É exigida renda mínima de 100 mil-réis para ser votante e de 200 mil-réis para ser eleitor. As eleições são indiretas para a Câmara dos Deputados, o Senado e as Assembleias Provinciais e diretas para as Câmaras Municipais e o cargo de juiz de paz. É adotada a primeira lei eleitoral do Brasil independente.

1842 O alistamento de eleitores passa a ser feito antes do dia das eleições.

1846 Os valores de renda mínima são atualizados: 200 mil-réis para votante e 400 mil-réis para eleitor.

1875 Criado o primeiro título de eleitor.

1881 As eleições para a Câmara dos Deputados, o Senado e as Assembleias Provinciais passam a ser diretas.

1882 Exigência de alfabetização para alistamento apenas para novos eleitores.

1889 Fim da exigência de renda para votar. Redução da idade mínima exigida para ser eleitor: de 25 para 21 anos. Exigência de alfabetização para todos os eleitores.

1932 É criado o primeiro Código Eleitoral, que concede direito de voto às mulheres; institui a Justiça Eleitoral; implanta sistema misto (parte majoritário, parte proporcional) nas eleições para a Câmara dos Deputados; adota a cabine de votação.

1933 É adotado o envelope oficial, no qual o eleitor deve inserir a cédula eleitoral.

1934 Redução, de 21 para dezoito anos, da idade mínima exigida para ser eleitor. Alistamento e voto passam a ser obrigatórios.

1937-45 O Estado Novo suspende as eleições, dissolve os partidos e fecha o Congresso Nacional.

1945 Adoção da representação proporcional nas eleições para a Câmara dos Deputados, as Assembleias Legislativas e as Câmaras dos Vereadores. Eleições multipartidárias para a Presidência da República e o Congresso Nacional.

1947 O Partido Comunista do Brasil (PCB) perde o registro, é tornado ilegal e deixa de participar das eleições.

1950 Promulgação de um novo Código Eleitoral.

1955 A cédula oficial é utilizada pela primeira vez nas eleições para a Presidência da República.

1956-57 Recadastramento eleitoral em todo o país.

1962 A cédula oficial é usada pela primeira vez nas eleições para a Câmara dos Deputados.

1965 Suspensão das eleições para a Presidência da República e dissolução dos partidos. Promulgação de um novo Código Eleitoral, ainda em vigor.

1966 Suspensão das eleições para governador e para prefeito nas capitais. Fundação da Arena e do MDB.

1966-78 Eleições bipartidárias para a Câmara dos Deputados, o Senado, as Câmaras Municipais e parte das prefeituras.

1979 O MDB e a Arena são dissolvidos e é liberada a fundação de novos partidos.

1982 Volta de eleições diretas para governador.

1984 Campanha pelas Diretas Já, em defesa da volta de eleições diretas para presidente da República, organiza manifestações em dezenas de cidades.

1985 Concessão, pela primeira vez na história republicana, do direito de voto aos analfabetos. Os prefeitos de capital, estâncias hidrominerais e municípios considerados áreas de segurança nacional são eleitos diretamente. Registro de novos partidos, entre eles os comunistas (PCB e PCdoB).

1986 Recadastramento eleitoral, com informatização do cadastro de eleitores.

1988 É instituído o voto facultativo para jovens de dezesseis e dezessete anos. Primeira eleição em que todos os prefeitos do país são eleitos simultaneamente.

1989 Volta das eleições diretas para presidente da República. Primeira eleição para o Executivo a utilizar a regra dos dois turnos.

1995 Criação da Lei Orgânica dos Partidos.

1996 A urna eletrônica é usada em 57 municípios.

1997 Criação da Lei Eleitoral, estabelecendo normas para as eleições do Executivo e do Legislativo.

1998 Primeira eleição em que o presidente da República pôde concorrer à reeleição.

2000 Primeira eleição em que todos os eleitores do país votam pelo sistema de urna eletrônica.

2002 O Tribunal Superior Eleitoral adota a regra da verticalização, que proíbe a partidos adversários nas eleições presidenciais se coligarem nas eleições estaduais.

2010 Fim da regra da verticalização. A urna eletrônica com leitor biométrico é utilizada em sessenta municípios de 23 estados.

Notas

Introdução (p.7-12)

1. Sobre a história das eleições, ver: J. Colomer, "The strategy and history of electoral system choice"; e R. Katz, *Democracy and Elections.*
2. A compilação da legislação encontra-se em W. Porto e N. Jobim, *Legislação eleitoral no Brasil.*
3. Sobre anacronismo, ver: D.H. Fischer, *Historians' Fallacies: Toward a Logic of Historical Thought.*

1. Eleições no Império (1824-1889) (p.13-45)

1. Para um resumo da legislação eleitoral da Colônia, ver: M. Ferreira, *A evolução do sistema eleitoral brasileiro*, p.41-9. Sobre o processo eleitoral das Ordenações Filipinas, ver: V. Leal, *Coronelismo, enxada e voto*, p.127-31. E sobre as Câmaras no Antigo Regime de Portugal, ver: M. Bicalho, "As Câmaras ultramarinas e o governo do Império".
2. A legislação previa que, eventualmente, outros cargos também fossem preenchidos pelo voto: "para tesoureiro, onde houver"; "juiz e escrivão de órfãos, onde se costuma havê-los por eleição"; "juízes dos hospitais, nos lugares que assim houver juízes por si apartados dos ordinários"; e "para quaisquer ofícios, que por eleição se costuma fazer" (Ordenações Filipinas, livro I, título LXVII).
3. Sobre as tarefas que cabiam a cada cargo, ver: A. Comissoli, *Os "homens bons" e a Câmara de Porto Alegre (1767-1808)*, p.23-4.
4. Sobre os requisitos dos "homens bons", ver: A. Comissoli, op.cit., p.23.
5. Ordenações Filipinas, livro I, título LXVII.
6. Monografias sobre as eleições locais na Colônia: M. Gouvêa, *Redes de poder na América*; F. Cunha, *Elites políticas municipais no Brasil Colônia*; e A. Comissoli, op.cit.
7. F. Cunha, op.cit.
8. W. Porto, *O voto no Brasil*, p.22-9.
9. No começo do século XIX, o território nacional era dividido em províncias (unidades territoriais equivalentes aos estados atuais); estas,

por sua vez, eram divididas em municípios que, segundo o tamanho, podiam ser cidades ou vilas; no interior de cada município existiam diversas freguesias ou paróquias (uma unidade territorial definida pela Igreja católica); as comarcas eram uma unidade da divisão judiciária, composta por um ou mais municípios.

10. A legislação previa um complexo sistema para calcular previamente o número de compromissários, eleitores de freguesia e eleitores de comarca. A base era o número de fogos (a definição de "fogo" é dada pelo Decreto n.157, de 4 de maio de 1842: "Por fogo entende-se a casa, ou parte dela, em que habita, independentemente, uma pessoa ou família; de maneira que em um mesmo edifício pode haver dois ou mais fogos"). O número de deputados de cada província era definido pela legislação ordinária. Para um resumo do tema, ver: M. Ferreira, op.cit., p.99-104.
11. C. Neto, *A construção da democracia*, p.42-72.
12. O decreto é de 3 de junho de 1822 e não recebeu qualquer número que o identificasse.
13. Sobre as regras das eleições para a Constituinte, ver: Decisão n.57 – Reino, 19 jun 1822. Para um resumo do tema, ver: H. Braga, *Sistemas eleitorais do Brasil (1821-1988)*, p.1-13.
14. Eram chamados de "filhos-família" os dependentes que ainda não respondiam pela própria subsistência. Fonte: M. Ferreira, op.cit., p.122.
15. Os funcionários que tinham direito a voto eram: guarda-livros, primeiros caixeiros das casas de comércio, criados da Casa Real que não fossem de galão branco e administradores de fazendas rurais e fábricas. (O galão era uma fita que os criados usavam na roupa ou no chapéu; a cor do galão distinguia seu status.)
16. Decisão n.57, Reino, 19 jun 1822.
17. J. Colomer, "The strategy and history of electoral system choice", p.75-6.
18. J. Colomer, op.cit.
19. W. Porto, op.cit., p.122. Oficialmente, contam-se vinte legislaturas no Império, pois uma delas foi dissolvida antes de assumir (em 1842).
20. Nos casos de número ímpar, a Constituição de 1824 estabelecia o arredondamento para baixo. Curiosamente, o texto constitucional chega a oferecer um exemplo de como proceder: "A província que tiver que dar 11 deputados dará 5 senadores" (art.41).
21. J. Colomer, "On the origins of electoral systems and political parties", p.265.
22. Constituição de 1824, art.165.
23. Lei de 18 ago 1834.

24. M. Gouvêa, *O império das províncias*, p.347-8.
25. Lei de 1º out 1828.
26. Lei que organiza as eleições para todos os cargos: Lei n.387, 19 ago 1846.
27. C. Jaccoud, *Desvendando trechos da nossa história.*
28. A exigência de residência por dois anos foi estabelecida pela lei de 1º de outubro de 1828, art.4º.
29. Sobre o número de paróquias de Campos, ver: N. Nunes, *As eleições e o poder no Império*, p.44.
30. Lei n.387, 19 ago 1846.
31. Lei de 15 out 1827.
32. N. Nunes, op.cit., p.47-9.
33. S. Bartolini, "Franchise expansion".
34. R. Katz, *Democracy and Elections*, p.216-45.
35. Alguns criados de servir (que cumpriam tarefas domésticas) tinham o direito de voto, como os seguintes funcionários: guarda-livros e primeiros caixeiros de casas de comércio, criados da Casa Real que não fossem de galão branco, administradores de fazendas rurais e fábricas. Ver: Constituição de 1824, art.92.
36. Existem alguns casos de mulheres que solicitaram, sem sucesso, a qualificação como eleitoras ainda durante o Império. Ver: N. Nunes, op.cit., p.107-8.
37. S. Engerman e K. Sokoloff, "The evolution of suffrage institutions in the New World", p.898.
38. R. Katz, op.cit., p.218-29.
39. Ver M. Buescu, "No centenário da Lei Saraiva".
40. Levantamento das remunerações: M. Buescu, op.cit.
41. O livro de Francisco Belisário Soares de Souza foi publicado em 1872 com o título *O sistema eleitoral no Brasil: como funciona, como tem funcionado e como deve ser reformado.* Ao ser reeditado, em 1979, ganhou novo título: *Sistema eleitoral no Império.* As referências que faço no presente volume baseiam-se na versão de 1979.
42. F. Souza, "O sistema eleitoral do Brasil", p.26.
43. Decreto n.2.675, 20 out 1875.
44. Decreto n.3.029, 9 jan 1881.
45. *Mapa geral do primeiro alistamento eleitoral da província do Rio de Janeiro – Relatório do presidente da província.* Sala Mattoso Maia, Biblioteca Estadual de Niterói.
46. Para os dados do Rio de Janeiro: *Lista geral de eleitores*, Arquivo-Geral da Cidade do Rio de Janeiro. Pesquisa feita nas listas de qualificação de

três paróquias de Campos, na segunda metade da década de 1870, encontrou 22% de analfabetos entre os votantes. Ver N. Nunes, op.cit., p.78.

47. *Revisões do alistamento eleitoral da província do Rio de Janeiro – Relatórios do presidente da província, de 1881 a 1885*. Sala Mattoso Maia, Biblioteca Estadual de Niterói.

48. *Alistamento eleitoral da província do Rio de Janeiro – Relatório do presidente da província (1882-1889)*. Sala Mattoso Maia, Biblioteca Estadual de Niterói.

49. R. Katz, op.cit., p.238.

50. Ver Decreto n.57, 4 mai 1842, e Lei n.398, 19 ago 1846.

51. Decreto n.6.067, 12 jan 1875.

52. Jayme Cardoso foi o primeiro a utilizar as listas de votantes como fonte primária para a análise das eleições no Império. Seu trabalho ainda não foi superado em abrangência e detalhamento. Ver: J. Cardoso, *A população votante de Curitiba (1853-1881)*.

53. J. Cardoso, op.cit., p.196.

54. Ibid., p.201.

55. *Relatório do Ministério dos Negócios do Império*, Anexo C, 1875.

56. Idem.

57. Sobre o total de eleitores de todas as províncias, ver: J. Nicolau, "A participação eleitoral no Brasil", p.269.

58. Campos: N. Nunes, "A experiência eleitoral em Campos dos Goytacazes (1870-1889)", p.319; São Paulo: H. Klein, "A participação política no Brasil do século XIX", p.529; M. Buescu, op.cit., p.182.

59. Sobre o eleitorado do Reino Unido, ver: P. Almeida, *Eleições e caciquismo no Portugal oitocentista (1868-1890)*, p.206.

60. Uma análise detalhada dos efeitos da Lei Saraiva pode ser encontrada em N. Ferraz, *As eleições e o poder no Império*, p.115-32. A autora refuta a explicação clássica de que os responsáveis pela diminuição do eleitorado em 1881 teriam sido o censo econômico e o censo pecuniário.

61. Sobre os diversos sistemas eleitorais majoritários, ver: J. Nicolau, *Sistemas eleitorais*.

62. Não achei nenhuma fonte oficial que revelasse a data exata em que as eleições no Império foram realizadas. As datas foram encontradas em diversas fontes de época, mas em alguns casos não são precisas.

63. A Câmara dos Deputados eleita em 1842 foi dissolvida antes de tomar posse.

64. Ver relato sobre como as listas de candidatos sofriam a influência dos grupos dominantes da política estadual em: S. Ferraz, O *Império revisitado*, p.230-9.

65. A composição das bancadas dos partidos na Câmara dos Deputados é apresentada por J.M. de Carvalho em *A construção da ordem/Teatro de sombras*, p.407.
66. Decreto n.842, 19 set 1855.
67. J. Colomer, op.cit., p.264-5.
68. Ver F. Souza, op.cit., p.70-1.
69. Dados sobre a composição das legislaturas eleitas a partir de 1840: J.M. de Carvalho, op.cit., p.407.
70. M. Ferreira, op.cit., p.196.
71. Nem todos os distritos tinham exatamente três representantes. Sete províncias (Amazonas, Rio Grande do Norte, Espírito Santo, Paraná, Santa Catarina, Goiás e Mato Grosso) tinham apenas dois representantes na Câmara e formaram distritos de apenas dois nomes. Nas províncias em que o número de deputados não era perfeitamente divisível por três, foram criados distritos de um ou dois representantes.
72. Sobre o voto limitado no Reino Unido, ver: J. Colomer (org.), *Handbook of Electoral Systems Choice*, p.550.
73. D. Caramani, *The Nationalization of Politics*, p.223.
74. A. Celso, *Oito anos de Parlamento*, p.16.
75. J. Colomer, op.cit.
76. Cartismo: movimento social inglês que promoveu uma série de eventos públicos na defesa de medidas a favor de igualdade política e de reforma do processo eleitoral que incluísse, entre outras reivindicações, voto secreto, sufrágio universal masculino e participação da classe trabalhadora no Parlamento. Sobre a adoção do voto secreto, ver J. Elklit, "Open ballot".
77. Sobre a lei portuguesa de 1852, ver: P. Almeida, op.cit., p.68.
78. F. Souza, op.cit., p.25-36.
79. América Latina: E. Posada-Carbó, "Electoral juggling". Para um balanço geral dos tipos de fraudes em diversos países, ver: F. Lehoucq, *Electoral Fraud*.
80. Ver J.M. de Carvalho, op.cit., e R. Graham, *Clientelismo e política no século XIX*.

2. A Primeira República (1889-1930) (p.46-72)

1. Ver A. Roure, *A Constituinte republicana*, p.482-4.
2. Ver J. Colomer, "The Americas: general overview", p.89.
3. Para um resumo dos votos obtidos pelos candidatos à Presidência, ver: W. Porto, *O voto no Brasil*, p.164-82.

4. Decreto n.7, 20 nov 1889.
5. Para a data de promulgação das Constituições estaduais, ver: F. Freire, *As Constituições dos estados e a Constituição Federal*, p.7.
6. Sobre a organização municipal definida pelas Constituições dos estados, ver: F. Freire, op.cit., p.188-93.
7. Decreto n.6, 19 nov 1889.
8. Decreto n.200A, 8 fev 1890, art.4º.
9. O Decreto n.14A, de 14 de dezembro de 1889, considerou como brasileiros todos os estrangeiros residentes no país (salvo declaração em contrário) no dia 15 de novembro do mesmo ano.
10. Durante a Primeira República, algumas mulheres requisitaram sua inscrição como eleitoras. No Rio Grande do Norte, por exemplo, quinze mulheres se inscreveram e votaram nas eleições de 1928. Ver: W. Porto, op.cit., p.232-8.
11. Ver R. Katz, *Democracy and Elections*, p.218-29; e D. Caramani, *The Nationalizaton of Politics*, p.223.
12. S. Engerman e K. Sokoloff, "The evolution of suffrage institutions in the New World", p.912-3.
13. Decreto n.200A, 8 fev 1890.
14. Em seu art.24, o Decreto n.200A definiu um curioso critério para conhecer a alfabetização do eleitor: "Em todos os casos em que a comissão ignorar ou tiver dúvidas se o cidadão sabe ler ou escrever, convidá-lo a lançar em uma folha de papel, perante ela, a data, o dia, seguido de sua assinatura; ou procederá a qualquer outro exame, sempre rápido, que julgar conveniente."
15. Lei n.35, 26 jan 1892.
16. O senador Rosa e Silva foi o principal responsável pelo texto da Lei n.1.269, de 15 de novembro de 1904. Por essa razão, ela passou a ser conhecida por seu nome.
17. Sobre os alistamentos, ver: A. Tavares de Lira, "Regime eleitoral".
18. Dados sobre o Rio Grande do Sul: *Estatística eleitoral da República dos Estados Unidos do Brasil*, p.187.
19. Lei n.3.139, 2 ago 1916.
20. Decreto n.14.658, 29 jan 1921.
21. Ver V. Leal, *Coronelismo, enxada e voto*, p.225.
22. Sobre o eleitorado de 1905 e 1912, ver: *Estatística eleitoral da República dos Estados Unidos do Brasil.*
23. Sobre o comparecimento em 1910 e 1912, ver: ibid., p.244-5.
24. Sobre o comparecimento nas eleições de 1886, ver: B. Javari (org.), *Organizações e programas ministeriais: desde 1822 a 1889.*

25. Sobre dados de eleições presidenciais, ver: *Boletim eleitoral do TSE*, n.4, nov 1951.
26. Dados sobre população: *Anuário estatístico do Brasil*, 1937; dados sobre imigração: *Anuário estatístico do Brasil*, 1953; dados sobre a população do Rio de Janeiro: *Anuário estatístico do Brasil*, 1937; dados sobre a população de São Paulo: http://sempla.prefeitura.sp.gov.br/historico/tabelas/pop_brasil.php.
27. Para dados sobre o analfabetismo, ver: *Anuário estatístico do Brasil, 1939/40*, Separata, p.13.
28. Como os dados refletem uma série de estimativas, os números reais podem discrepar alguns pontos percentuais em relação a esse valor (não há como saber com precisão). Mas não a ponto de alterar a tendência captada: o número de alistados era pouco expressivo em relação ao total de alfabetizados. Para os cálculos, estimei a população de 21 anos (1906); utilizei a taxa de analfabetismo masculina do Censo de 1890; supus que os homens representavam exatamente 50% da população. Para dados do Rio Janeiro, ver: população total, *Anuário estatístico do Brasil*, 1937; eleitorado inscrito, *Estatística eleitoral da República Federativa do Brasil*, 1914; analfabetismo, *Anuário estatístico do Brasil*, 1939-40.
29. O modelo então em vigor no Rio Grande do Sul é extremamente complexo e não pode ser caracterizado como um sistema exclusivamente proporcional, pois previa a eleição de candidatos pelo sistema majoritário. Para um resumo, ver: W. Porto, op.cit., p.204-13. Sobre o voto único transferível, ver: J. Nicolau, *Sistemas eleitorais*.
30. Decreto n.511, 23 jun 1890.
31. Caso o eleitor votasse em menos nomes do que o definido, o voto era apurado. Se votasse em mais nomes, eram contabilizados apenas os votos até o número de vagas estabelecidas. Decreto n.511, art.38.
32. A legislação definiu os distritos de três representantes, com as seguintes exceções: os estados com menos de cinco representantes formariam um único distrito; quando a divisão da bancada do estado não fosse perfeitamente divisível por três, a fração seria acrescida ao distrito da capital (Lei n.35, 25 jan 1892).
33. Os estados cujas bancadas na Câmara dos Deputados eram eleitas por um único distrito: Amazonas, Pará, Maranhão, Piauí, Rio Grande do Norte, Paraíba, Alagoas, Sergipe, Espírito Santo, Paraná, Santa Catarina, Goiás e Mato Grosso. Ver: H. Braga, *Sistemas eleitorais do Brasil*, p.63.
34. Sobre voto cumulativo, ver: J. Colomer, "The strategy and history of electoral system choice", p.36.

35. Sobre o debate que antecedeu a aprovação da Lei Rosa e Silva, ver: C. Holanda, *Modos da representação política*, p.181-5.
36. Sobre o comentário de Rosa e Silva, ver: C. Holanda, op.cit., p.185.
37. A premissa da reforma estava correta. Quanto maior o número de cadeiras do distrito, maior as chances de a minoria garantir a eleição de um deputado.
38. Lei n.3.208, 27 dez 1916.
39. Sobre voto secreto, ver: R. Katz, op.cit., p.204.
40. Lei n.35, 26 jan 1892.
41. Passagem de Júlio de Castilhos, citada em W. Porto, op.cit., p.206.
42. Sobre o voto na Primeira República, ver: A. Tavares de Lira, op.cit.; V. Leal, op.cit.; W. Porto, op.cit.; R. Telarolli, *Eleições e fraudes eleitorais na República Velha.*
43. A respeito de relatos sobre a eleição a bico de pena, ver: W. Porto, *Dicionário do voto*, p.13-4; e R. Telarolli, op.cit., p.76-89.
44. V. Leal, op.cit., p.256; R. Lessa, *A invenção republicana*; W. Porto, *O voto no Brasil*, p.200-3.
45. Dados sobre o número de "degolados": P. Ricci, "A manipulação das regras e a fraude eleitoral na certificação dos resultados eleitorais", p.20. Trata-se da melhor pesquisa empírica já feita sobre as decisões da Comissão de Verificação de Poderes.
46. Ver P. Ricci, op.cit., p.38.

3. Dos anos 1930 ao Estado Novo (1930-1945) (p.73-87)

1. A. Tavares de Lira, "Regime eleitoral", p.338.
2. Decreto n.19.398, 11 nov 1930.
3. A comissão foi criada pelo Decreto n.19.459, de 6 de dezembro de 1930.
4. Um resumo dos trabalhos da comissão feito por um de seus membros pode ser visto em: J. Cabral, *O código eleitoral da República dos Estados Unidos do Brasil, 1932*. Ver também: J. Pires, *A invenção da lista aberta*.
5. Decreto n.21.076, 24 fev 1932.
6. Sobre o calendário eleitoral, ver: *Constituição de 1934*, art.1º ao 7º das *Disposições transitórias*.
7. Os partidos políticos foram extintos pelo Decreto-lei n.37, de 2 de dezembro de 1937. Os legislativos foram dissolvidos pela Constituição promulgada pelo governo autoritário, em 10 de novembro de 1937 (art.175).
8. Decreto n.21.076, 24 fev 1932, art.2º.

9. Sobre iniciativas de voto feminino na Primeira República, ver: W. Porto, *Dicionário do voto*, p.430-1.
10. Sobre as datas de adoção do sufrágio feminino, ver: R. Katz, *Democracy and Elections*, p.218-30.
11. J. Cabral, op.cit., p.19.
12. Lei n.48, 4 mai 1935.
13. Decreto n.21.076, 24 fev 1932, art.37.
14. Sobre países com representação proporcional, ver: J. Colomer (org.), *Handbook of Electoral System Choice*.
15. Sobre a história da representação proporcional, ver: J. Nicolau, *Sistemas eleitorais*.
16. A lista de partidos e candidatos que disputaram em 1933 está em: *Boletim eleitoral dos Estados Unidos do Brasil*, 9 nov 1933.
17. Sobre os problemas com o sistema eleitoral de 1932, ver: J. Pires, op.cit.
18. "No decreto em que convocar os eleitores para a eleição de representantes à Constituinte, o governo determinará o número de representantes nacionais que a cada estado caiba eleger, bem como o modo e as condições de representação das associações profissionais" (art.142).
19. A. Gomes, *A representação de classes na Constituinte de 1934*.
20. Sobre o resultado das eleições profissionais, ver: *Boletim eleitoral dos Estados Unidos do Brasil*, 9 nov 1933.
21. Constituição de 1934, art.23.
22. J. Cabral, op.cit., p.154.
23. Autores que reconheceram os avanços trazidos pelo Código de 1932: J. Cabral, op.cit.; D. Velasco, *Direito eleitoral*.
24. D. Velasco, op.cit., p.23.

4. Do fim do Estado Novo ao golpe militar (1945-1964) (p.88-103)

1. Decreto n.7.586, 14 mai 1945.
2. Em seu art.21, o Decreto n.9.258, de 14 de maio de 1946, passou a exigir a inscrição de pelo menos cem eleitores em cada uma das cinco circunscrições.
3. Lei n.1.164, 24 jul 1950, art.132.
4. A lista dos partidos que participaram das eleições está em: J. Nicolau, *Partidos na República de 1946*, p.106.
5. Constituição de 1946, art.141, §13.
6. Sobre a cassação do PCB, ver: W. Porto, *Dicionário do voto*, p.305-8.
7. Fonte: Resolução 411/412 do TSE, *Cancelamento do registro do Partido Comunista do Brasil*, TSE, sessão de 7 mai 1947, p.5.

8. Constituição de 1946, art.56 e 60.
9. Em 1947 também foram eleitos deputados federais e um senador para as vagas dos representantes do PCB que haviam perdido o mandato.
10. Sobre as datas das eleições municipais de 1947 e 1948, ver: *Dados estatísticos das eleições federal, estadual e municipal realizadas no Brasil a partir de 1945*, p.138.
11. Lei n.1.164, 24 jul 1950, art.46.
12. Sete estados não elegiam vice-governadores: Amazonas, Pará, Maranhão, Pernambuco, Bahia, Paraná e Rio Grande do Sul. Fonte: *Boletim eleitoral do TSE*, n.57, mar 1957, p.418.
13. Além do Distrito Federal, nos seguintes estados não eram eleitos vice-prefeitos: Amazonas, Pará, Ceará, Alagoas, Sergipe, Bahia, Espírito Santo, Paraná, Santa Catarina, Paraná, Goiás. Fonte: *Boletim eleitoral do TSE*, n.57, mar 1957, p.418.
14. Ano das eleições para as Câmaras Municipais: *Boletim eleitoral do TSE*, n.417, mar 1957, p.418.
15. Sobre o direito de voto de analfabetos no Brasil, ver: L. Carneiro: *Voto dos analfabetos*.
16. C. Maximiliano, *Comentários à Constituição brasileira*, vol.3, p.22.
17. Decreto-lei n.7.586, 14 mai 1945, art.23.
18. A população de cada ano foi projetada levando-se em conta o crescimento geométrico entre os dois Censos. Eleitorado de 1934: *Anuário estatístico do Brasil*, 1950, p.549.
19. Percentual de alistados: M. Souza, *Estado e partidos políticos no Brasil*, p.121; dados completos: *Dados estatísticos das eleições federal, estadual e municipal realizadas no Brasil a partir de 1945*, p.8.
20. A. Camargo et al., *Artes da política*, p.225.
21. Lei n.1.164, 24 jul 1950.
22. A população de cada ano foi projetada levando-se em conta o crescimento geométrico entre os dois Censos.
23. Por conta dos constantes problemas com o cadastro de eleitores, os pesquisadores que estudam o comportamento eleitoral preferem trabalhar com esse indicador. Ver: R. Pintor e M. Gratschew (orgs.), *Voter Turnout since 1945*.
24. Os dados da população adulta foram estimados tomando-se o percentual de adultos dos anos censitários como padrão.
25. Sobre Chile e Finlândia, ver artigos publicados em: M. Gallagher e Paul Mitchel, *The Politics of Electoral Systems*.
26. Sobre dados do PSD, ver: J. Nicolau, op.cit.

27. Decreto-lei n.8.566, 7 jan 1946, art.8º.
28. Ibid., art.9º, §1º.
29. Embora venha me dedicando há muitos anos ao estudo do sistema eleitoral brasileiro, foi somente durante a pesquisa para a redação desta nova edição do livro que descobri o Decreto-lei n.8.566, de 7 de janeiro de 1946. Até então, eu acreditava não existir nenhum estudo sobre o uso da lista fechada nas eleições de 1947.
30. Decreto-lei n.7.586, 14 mai 1945, art.72 a 80.
31. O fato de os principais estudiosos do sistema partidário do período terem utilizado largamente os dados das eleições é uma prova indireta de sua confiança de que esses resultados não estavam adulterados. Ver: G. Soares, *Sociedade e política no Brasil*; Olavo Brasil, *Partidos políticos brasileiros*; A. Lavareda, *A democracia nas urnas*; W. Santos, *O cálculo do conflito*.
32. Declaração de Mario Palmério feita na sessão de 23 de maio de 1955 na Câmara dos Deputados, reproduzida em: C. Lacerda, *Discursos parlamentares*, p.103.

5. Regime militar (1964-1985) (p.104-18)

1. Na realidade, no texto da legislação, o AI-1 é referido apenas como Ato Institucional. Somente com a promulgação do AI-2 passou a ser conhecido como AI-1.
2. Sobre listas de cassados, ver: Atos do Comando Supremo da Revolução, n.1, 2, 3 e 4, 9 abr 1964; n.5, 6 e 7, 13 abr 1964; Coleção de Leis, vol.3, 1964, República dos Estados Unidos do Brasil.
3. Para uma análise dos regimes autoritários que mantêm instituições representativas, ver: J. Gandhi, *Political Institutions under Dictatorship*.
4. O Congresso Nacional foi fechado três vezes: de 20 de outubro a 22 de novembro de 1966; de 13 de dezembro de 1968 a 21 de outubro de 1969; de 1º a 14 de abril de 1977. Fonte: C. Neto, *A construção da democracia*, p.507, 540 e 562.
5. Lei Orgânica dos Partidos: Lei n.4.740, 15 jul 1965.
6. Ato Institucional n.2, 27 out 1965.
7. Sobre os resultados das eleições presidenciais do período, ver: W. Porto, *O voto no Brasil*, p.309-6. Sobre as regras de composição dos Colégios Eleitorais, ver: Lei Complementar n.15, 13 abr 1973; Decreto-lei n.1.539, 14 abr 1977; Emenda Constitucional n.22, 29 jun 1982.

8. As eleições para governador foram confirmadas por meio de uma Emenda Constitucional aprovada pelo Congresso e promulgada em 8 de abril de 1965.
9. Sobre a vitória da oposição em outubro de 1965 como principal causa da extinção dos partidos, ver: B. Lamounier e R. Meneguello, *Partidos políticos e consolidação democrática*, p.64; H. Braga, *Sistemas eleitorais do Brasil (1821-1988)*, p.108; e M. Kinzo, *Oposição e autoritarismo*, p.24-7.
10. Ato Institucional n.2, art.18.
11. Ato Complementar n.4, 20 nov 1965; balanço da legislação sobre sublegenda: W. Porto, *Dicionário do voto*, p.390-2.
12. O AI-2 deu prazo de 45 dias para a organização de partidos, prazo estendido pelo Ato Complementar n.6, de 3 de janeiro de 1966.
13. Sobre a descrição do processo de criação dos dois partidos, ver: L. Grinberg, *A Aliança Renovadora (Arena)*; e M. Kinzo, op.cit.
14. Registro do MDB: http://www.tse.jus.br/partidos/partidos-politicos/registros-de-partidos-politicos-1945-a-1979.
15. Ato Institucional n.3, 5 fev 1966.
16. Sobre a Lei de Lemas do Uruguai, ver: W. Porto, op.cit., p.392.
17. Primeiro texto legal que adotou a sublegenda: Ato Complementar n.4, 20 nov 1965; resumo da legislação sobre o tema: W. Porto, op.cit., p.390-2.
18. Sobre a sublegenda como forma de acomodar as lideranças dos partidos extintos, ver: L. Grinberg, op.cit., p.81-99.
19. Lei n.5.449, 4 jun 1968.
20. Sobre a lista completa dos municípios de interesse de segurança nacional, ver: Decreto-lei n.2.183, 19 dez 1984.
21. O termo biônico faz referência à série de TV americana *O homem de seis milhões de dólares*, cujo personagem principal era chamado de "homem biônico". A série fez enorme sucesso no Brasil na segunda metade dos anos 1970.
22. Sobre a criação dos senadores biônicos, ver: Emenda Constitucional n.8, 14 abr 1977, art.45.
23. Sobre a lista dos senadores eleitos em 1974 e 1978: L. Grinberg, op.cit., p.100-7.
24. A respeito do debate sobre a formação dos novos partidos, ver: M. Kinzo, "Novos partidos: o início do debate".
25. O Partido Popular (PP) também obteve registro, mas seus dirigentes resolveram fundir-se ao PMDB em 1982.
26. Para uma descrição da criação dos novos partidos, ver: P.H. Amorim (org.), *Partidos e políticos*.
27. Emenda Constitucional n.13, 8 abr 1965, art.3º.

28. Os militares aptos a votar: oficiais, aspirantes a oficial, guardas-marinhas, subtenentes ou suboficiais, sargentos ou alunos de escolas militares de ensino superior.
29. Código Eleitoral: Lei n.4.737, 15 jul 1965.
30. A taxa de crianças na escola primária no Brasil: 1930 (44%); 1940 (54%); e 1950 (67%). Sobre o tema, ver: E. Frankema, "The expansion of mass education in twentieth century Latin America: a global comparative perspective", p.366.
31. Embora a alteração da composição das bancadas dos estados na Câmara dos Deputados afete a representação dos partidos e tenha sido um recurso utilizado para favorecer a Arena, não é um componente do sistema eleitoral. Por isso não foi tratada aqui. Para mais detalhes, ver: J. Nicolau, "As distorções na representação dos estados na Câmara dos Deputados brasileira".
32. Lei n.4.737, 15 jul 1965, art.104.
33. Ibid., art.175, §2º.
34. Lei n.6.978, 19 jan 1982, art.5º, §1º.
35. Ibid., art.8º.
36. Nos municípios em que o partido não estivesse organizado, o eleitor poderia votar nos nomes desse partido para os cargos estaduais (governador, senador, deputado federal e deputado estadual).
37. Lei n.6.989, 5 mai 1982, art.175, inciso IV.
38. Sobre os votos de legenda em 1978, ver: R. Pereira et al., *Eleições no Brasil pós-1964*, p.37.
39. Ilustrações dessas duas tendências: B. Lamounier, "O 'Brasil autoritário' revisitado"; e D. Fleischer, "Governabilidade e abertura política".
40. Ver R. Pereira et al., op.cit.
41. Para relatos de fraudes eleitorais em uma eleição específica (1982), ver: R. Pereira et al., op.cit.

6. Democracia atual (1985-2012) (p.119-37)

1. A Emenda Constitucional n.5 foi proposta pelo deputado federal Dante de Oliveira (PMDB-MT) em março de 1983. A votação da emenda aconteceu em 25 de abril de 1984, com o seguinte resultado final: 298 votos a favor, 65 contra, três abstenções e 113 ausências (fonte: *Folha de S.Paulo*, 26 abr 1984, p.1).
2. Emenda Constitucional n.25, 15 mai 1985.

3. Para a lista completa das cidades onde houve eleição, ver: *Folha de S.Paulo*, 14 nov 1985, p.13.
4. Para a lista completa dos partidos criados em 1985, ver: http://jaironicolau.iesp.uerj.br/jairo2006/port/pags/participacao.htm.
5. Os senadores eleitos em 1982 cujos mandatos terminariam em 1990 também participaram da Assembleia Constituinte.
6. Para uma descrição de outros aspectos do sistema representativo estabelecidos pela Carta de 1988, particularmente o bicameralismo e o presidencialismo, ver: A. Backes. *Democracia e sobrerrepresentação de regiões: o papel do Senado*; e A. Figueiredo e F. Limongi, "Congresso Nacional: organização, processo legislativo e produção legal".
7. Não encontrei nenhuma fonte que apresentasse as razões pelas quais os constituintes decidiram que apenas cidades com mais de 200 mil eleitores utilizariam o sistema de dois turnos para a eleição de prefeitos.
8. Sobre o sistema eleitoral em dois turnos, ver: J. Nicolau, *Sistemas eleitorais*.
9. A votação dos presidentes eleitos foi a seguinte: Eurico Dutra (1950): 52%; Getulio Vargas (1950): 47%; Juscelino Kubitschek (1955): 34%; Jânio Quadros (1960): 45%.
10. Lei n.4.737, 15 jul 1965, art.91.
11. A redução do mandato do presidente foi uma das poucas medidas aprovadas pelo Congresso Revisor de 1994. Pela leitura das edições da *Folha de S.Paulo* do período, percebi que o tema quase não foi debatido. O relator da revisão constitucional, o então deputado Nelson Jobim, foi um dos defensores de sua aprovação.
12. Emenda Constitucional de Revisão n.5, 7 jun 1994.
13. Emenda Constitucional n.16, 4 jun 1997.
14. Para a lista completa dos partidos que participaram das eleições, ver: http://jaironicolau.iesp.uerj.br/jairo2006/port/pags/participacao.htm.
15. Lei n.9.096, 19 set 1995.
16. Ibid., art.7º.
17. Partidos que foram registrados segundo as novas regras: Partido Republicano Brasileiro (PRB), em 2005; Partido Socialismo e Liberdade (PSOL), em 2005; Partido Social Democrático (PSD), em 2011.
18. Lei n.9.504, 30 set 1997.
19. Emenda Constitucional n.25, 15 mai 1985, art.147.
20. Sobre as datas em que os países acabaram com a proibição de voto dos analfabetos, ver: S. Engerman e K.L. Sokoloff, "The evolution of suffrage institutions in the New World", p. 912-3; e R. Katz, *Democracy and Elections*, p.218-29.
21. Constituição de 1988, art.14.

22. O Código Eleitoral de 1965 (art.7º) definiu que a multa variaria entre 3% e 10% do salário-mínimo. Em 1994, uma resolução do TSE (n.14.301/94, art.85) indexou as multas em Unidade Fiscal de Referência (Ufir). Quando a Ufir foi extinta, em 2000, os valores das multas foram congelados.
23. Lei n.4.737, 15 jul 1965, art.7º.
24. Lei n.7.663, 27 mai 1988.
25. Número de analfabetos inscritos em 1985: B. Joffily. *IstoÉ Brasil 500 anos: atlas histórico*, p.245.
26. Data final para o alistamento para as eleições de 1985: Resolução n.12.173 do TSE, 2 jul 1985.
27. A população de cada ano foi projetada levando-se em conta o crescimento geométrico entre os dois Censos. Para a população adulta dos anos intracensitários, utilizei o percentual dos anos censitários. Até 1982, considerou-se população em idade de voto o total de indivíduos com mais de dezoito anos; a partir de 1986, aqueles com mais de dezesseis anos. É importante salientar que esses números se baseiam em estimativas e não devem ser lidos como dados exatos, mas servem para captar os padrões gerais do processo de ampliação do sufrágio no Brasil.
28. A única pesquisa nacional que apresentou o número de eleitores adultos alistáveis foi a Pesquisa Nacional de Amostra Domiciliar (Pnad) de 1998. Na ocasião, 89% dos brasileiros com mais de dezoito anos possuíam o título de eleitor. Entre os eleitores sem instrução e com menos de um ano de instrução, o percentual de portadores do título era de 74%. Ver: *Anuário estatístico do Brasil*, 1990, cap.21.
29. Lei que eliminou os votos em branco do cálculo do quociente eleitoral: Lei n.9.504, 30 set 1997.
30. Emenda Constitucional n.25, 15 mai 1985, art.2º.
31. Lei n.7.494, 17 jun 1986, art.2º; Lei n.8.713, 30 set 1993.
32. Resolução n.20.993, instrução n.55, 11 mar 2002. O parágrafo primeiro do art.4º tem a seguinte redação: "Os partidos políticos que lançarem, isoladamente ou em coligação, candidato(a) à eleição de presidente da República não poderão formar coligações para eleição de governador(a) de estado ou do Distrito Federal, senador(a), deputado(a) federal e deputado(a) estadual ou distrital com partido político que tenha, isoladamente ou em aliança diversa, lançado candidato(a) à eleição presidencial."
33. Para um quadro geral da prática das coligações no Brasil, ver: S. Krause e R. Schmitt, *Partidos e coligações no Brasil*.

34. Para um resumo das controvérsias jurídicas da adoção da verticalização, ver: V. Marchetti e R. Cortez, "A judicialização da competição política".
35. Emenda Constitucional n.52, 8 mar 2006. O texto é o seguinte: "É assegurada aos partidos políticos autonomia para definir sua estrutura interna, organização e funcionamento e para adotar os critérios de escolha e o regime de suas coligações eleitorais, sem obrigatoriedade de vinculação entre as candidaturas em âmbito nacional, estadual, distrital ou municipal, devendo seus estatutos estabelecer normas de disciplina e fidelidade partidária."
36. Para um balanço da discussão do amplo leque de temas debatidos na reforma política, ver o conjunto de artigos publicados em duas coletâneas: G. Soares e L. Rennó, *Reforma política*; F. Anastasia e L. Avritzer, *Reforma política no Brasil*.
37. Sobre a votação de 2007, ver: J. Nicolau, "Crônica de uma derrota (ou será vitória?) anunciada".
38. Nas eleições de 1994 e 1998 (nos municípios que ainda não utilizavam a urna eletrônica), a cédula não trouxe a lista de legendas para o eleitor assinalar.
39. Sobre o processo de apuração, ver: Código Eleitoral de 1965, seção IV.
40. A checagem para averiguar problemas de duplicação de inscrição no cadastro nacional de eleitores recebe o curioso nome de "batimento eleitoral". Ver: *Instruções: batimento e coincidências*, Justiça Eleitoral, dez 2003.
41. Os deputados estaduais e federais eleitos na segunda eleição tomaram posse e cumpriram seus mandatos até 2007, ocasião em que o TSE reconheceu os resultados da primeira disputa e empossou os deputados eleitos naquela oportunidade. Para um resumo, ver: http://www.divulga-mpf.pgr.mpf.gov.br/conteudo/mpf-atuante/eleitoral/eleicoes-no-rj/anulacao-de-eleicoes-no-rio-entenda-o-caso.
42. Para o percentual de municípios e de eleitores que utilizaram a urna eletrônica, ver: J. Nicolau, "A participação eleitoral no Brasil", p.288.
43. Sobre o uso do voto eletrônico em outros países, ver: Idea, *Introducing Electronic Voting: Essential Considerations*.
44. Sobre os efeitos da urna eletrônica sobre o voto, ver: J. Nicolau, "A participação eleitoral no Brasil"; F. Hidalgo, "Digital democratization: suffrage expansion and the decline of political machines in Brazil".
45. Para exemplos de cédulas utilizadas em outros países, ver: http://www.unc.edu/wasreynol/ballots.html.
46. Sobre o voto biométrico, ver: http://www.tse.jus.br/eleicoes/biometria-e-urna-eletronica.

Bibliografia

Alencar, José de. *O systema representativo*. Rio de Janeiro, B.L. Garnier Edictor, 1868.

Almeida, Pedro Tavares de. *Eleições e caciquismo no Portugal oitocentista (1868-1890)*. Lisboa, Difel, 1991.

Amorim, Paulo Henrique et al. *Partidos e políticos*. Rio de Janeiro, Editora JB, 1982.

Anastasia, Fátima e Leonardo Avritzer (orgs.). *Reforma política no Brasil*. Belo Horizonte, UFMG, 2006.

Backes, Ana Luiza. *Democracia e sobrerrepresentação de regiões: o papel do Senado*. Dissertação de mestrado, Departamento de Ciência Política, Brasília, UnB, 1998.

Bartolini, Stefano. "Franchise expansion", in Richard Rose (org.). *International Encyclopedia of Elections*. Washington, D.C., CQ Press, 2000.

Bicalho, Maria Fernanda Batista. "As Câmaras ultramarinas e o governo do Império", in João Fragoso, Maria Fernanda Batista Bicalho e Maria de Fátima Gouvêa (orgs.), *O Antigo Regime nos trópicos: a dinâmica imperial portuguesa*. Rio de Janeiro, Civilização Brasileira, 2001.

Braga, Hilda Soares. *Sistemas eleitorais do Brasil (1821-1988)*. Brasília, Senado Federal, 1990.

Brasil, Joaquim Francisco Assis. *Democracia representativa: do voto e do modo de votar*. Rio de Janeiro, Typografia de J. Leuzinger & Filhos, 1893.

Buescu, Mircea. "No centenário da Lei Saraiva", *Revista do Instituto Histórico e Geográfico*, n.330, 1981, p.179-86.

Cabral, João. *O código eleitoral da República dos Estados Unidos do Brasil, 1932*. Brasília, Câmara dos Deputados, 2004.

Camargo, Aspásia et al. *Artes da política*. Rio de Janeiro, Nova Fronteira, 1986.

Caramani, Daniele. *The Nationalization of Politics*. Cambridge, Cambridge University Press, 2004.

Cardoso, Jayme Antonio. *A população votante de Curitiba (1853-1881)*. Dissertação de mestrado, Departamento de História, Universidade Federal do Paraná, 1974.

Carneiro, Levi. *Voto dos analfabetos*. Petrópolis, Vozes, 1964.

Carvalho, José Murilo de. *A construção da ordem/Teatro de sombras*. Rio de Janeiro, Civilização Brasileira, 2007.

Celso, Afonso. *Oito anos de Parlamento*. Brasília, Senado Federal, 1998.

Colomer, Josep M. "The Americas: general overview", in Josep M. Colomer (org.). *Handbook of Electoral System Choice*. Londres, Palgrave, 2004a.

______. "The strategy and history of electoral system choice", in Josep M. Colomer (org.). *Handbook of Electoral System Choice*. Londres, Palgrave, 2004b, p.3-78.

______ (org.). *Handbook of Electoral System Choice*. Londres, Palgrave, 2004c.

______. "On the origins of electoral systems and political parties: the role of elections in multi-member districts", *Electoral Studies*, 26(2), 2007, p.262-73.

Comissoli, Adriano. *Os "homens bons" e a Câmara de Porto Alegre (1767-1808)*. Departamento de História, Niterói, UFF, 2006.

Cunha, Fernando. *Elites políticas municipais no Brasil Colônia: homens-bons da Curitiba setecentista*. Departamento de História, Universidade Federal do Paraná, 2003.

Elklit, Jorgen. "Open ballot", in Richard Rose (org.). *International Encyclopedia of Elections*. Washington, D.C., CQ Press, 2000, p.191-3.

Engerman, Stanley L. e Kenneth L. Sokoloff. "The evolution of suffrage institutions in the New World", *The Journal of Economic History*, 65(4), 2005, 891-921.

Ferraz, Sérgio Eduardo. *O Império revisitado: instabilidade ministerial, Câmara dos Deputados e Poder Moderador (1840-1889)*. Tese de doutorado, Departamento de Ciência Política, São Paulo, USP, 2012.

Ferreira, Manoel Rodrigues. *A evolução do sistema eleitoral brasileiro*. Brasília, Senado Federal, 2001.

Figueiredo, Argelina e Fernando Limongi. "Congresso Nacional: organização, processo legislativo e produção legal", *Cadernos de Pesquisa*, n.6, Cebrap, 1996.

Fischer, David Hackett. *Historians' Fallacies: Toward a Logic of Historical Thought*. Londres, Routledge & Kegan, 1971.

Fleischer, David. "Governabilidade e abertura política: as desventuras da engenharia política no Brasil (1964-84)", *Revista de Ciência Política*, 29(1), 1986, p.12-39.

Frankema, Ewout. "The expansion of mass education in twentieth century Latin America: a global comparative perspective", *Revista de Historia Económica/Journal of Iberian and Latin American Economic History*, 27(03), 2010, p.359-96.

Freire, Felisbello. *As Constituições dos estados e a Constituição Federal*. Rio de Janeiro, Imprensa Nacional, 1898.

Gallagher, Michael e Paul Mitchell (orgs.). *The Politics of Electoral Systems*. Oxford, Oxford University Press, 2005.

Gandhi, Jennifer. *Political Institutions under Dictatorship*. Cambridge, Cambridge University Press, 2010.

Gomes, Angela de Castro. *A representação de classes na Constituinte de 1934*. Rio de Janeiro, Nova Fronteira, 1980.

Gouvêa, Maria de Fátima Silva. "Redes de poder na América portuguesa: o caso dos homens bons do Rio de Janeiro, 1790-1822", *Revista Brasileira de História*, 18(36), 1998, p.297-330.

______. *O império das províncias: Rio de Janeiro, 1822-1889*. Rio de Janeiro, Civilização Brasileira, 2008.

Graham, Richard. *Clientelismo e política no século XIX*. Rio de Janeiro, UFRJ, 1997.

Grinberg, Lucia. A Aliança Renovadora Nacional (Arena): *A criação do bipartidarismo e o partido do governo (1965-79)*. Dissertação de mestrado, Departamento de História, Niterói, UFF, 1998.

Hidalgo, F. Daniel. "Digital democratization: suffrage expansion and the decline of political machines in Brazil", manuscrito, 2011.

Holanda, Cristina Buarque de. *Modos da representação política: o experimento da Primeira República Brasileira*. Belo Horizonte, UFMG, 2009.

Idea. *Introducing Electronic Voting: Essential Considerations*. Policy Paper, Stockholm. International Idea, 2011.

Jaccoud, Carlos Jayme de Siqueira. *Desvendando trechos da nossa história: contribuição para o conhecimento da história de Nova Friburgo*. Nova Friburgo, Edição do Autor, 2005.

Javari, Barão de (org.). *Organizações e programas ministeriais: desde 1822 a 1889*. Rio de Janeiro, Imprensa Nacional, 1889.

Jobim, Nelson e Walter Costa Porto (org.). *Legislação eleitoral no Brasil: do século XVI aos nossos dias*. Brasília, Senado Federal, 1996.

Joffily, Bernardo (org.). *IstoÉ Brasil 500 anos: atlas histórico*. São Paulo, Editora Três, 1998.

Katz, Richard S. *Democracy and Elections*. Oxford, Oxford University Press, 1997.

Kinzo, Maria D'Alva. "Novos partidos: o início do debate", in Bolívar Lamounier (org.). *Voto de desconfiança: eleições e mudança política no Brasil (1970-79)*. Petrópolis, Vozes, 1980, p.217-62.

______. *Oposição e autoritarismo: gênese e trajetória do MDB (1966-1979)*. São Paulo, Vértice, 1988.

Klein, Herbert. "A participação política no Brasil do século XIX: os votantes de São Paulo", *Dados*, 38(3), 1997, p.527-43.

Krause, S. e Rogério Schmitt. *Partidos e coligações no Brasil*. São Paulo, Unesp/Konrad Adenauer, 2005.

Lacerda, Carlos. *Discursos parlamentares*. Rio de Janeiro, Nova Fronteira, 1982.

Lamounier, Bolívar. "O 'Brasil autoritário' revisitado: o impacto das eleições sobre a abertura", in *Democratizando o Brasil*. Rio de Janeiro, Paz e Terra, 1988, p.83-134.

______ e Rachel Meneguello. *Partidos políticos e consolidação democrática: o caso do Brasil*. São Paulo, Brasiliense, 1986.

Lavareda, Antônio. *A democracia nas urnas: o processo partidário eleitoral brasileiro*. Rio de Janeiro, Rio Fundo, 1991.

Leal, Victor Nunes. *Coronelismo, enxada e voto*. Rio de Janeiro, Nova Fronteira, 3ª ed., 1997.

Lehoucq, Fabrice. "Electoral fraud: causes, types, and consequences", *Annual Review of Political Science*, 6(1), 2003, p.233-56.

Lessa, Renato. *A invenção republicana*. Rio de Janeiro, Topbooks, 2ª ed., 1999.

Lima Jr., Olavo Brasil de. *Os partidos políticos brasileiros: a experiência federal e regional (1945-64)*. Rio de Janeiro, Graal, 1983.

Marchetti, Vitor e Rafael Cortez. "A judicialização da competição política: o TSE e as coligações eleitorais", *Opinião Pública*, 15(2), p.422-50, 2009.

Maximiliano, Carlos. *Comentários à Constituição brasileira*. Rio de Janeiro, Freitas Bastos, 1948.

Neto, Casimiro. *A construção da democracia*. Brasília, Centro de Documentação e Informação, Câmara dos Deputados, 2003.

Nicolau, Jairo. "As distorções na representação dos estados na Câmara dos Deputados brasileira", *Dados*, 40(3), 1997.

______. "A participação eleitoral no Brasil", in Luiz Werneck Vianna (org.). *A democracia e os três poderes no Brasil*. Belo Horizonte, UFMG, 2002, p.255-96.

______. "Partidos na República de 1946: velhas teses, novos dados", *Dados*, 47(1), 2004, p.85-129.

______. "Crônica de uma derrota (ou será vitória?) anunciada", *Insight-Inteligência*, out 2007, p.220-6.

______. *Sistemas eleitorais*. Rio de Janeiro, FGV, 6ª ed., 2012.

Nunes, Neila Ferraz Moreira. *As eleições e o poder no Império: a experiência em Campos dos Goytacazes (1870-1889)*. Dissertação de mestrado em ciência política, Rio de Janeiro, Iuperj, 2002.

______. "A experiência eleitoral em Campos dos Goytacazes (1870-1889): frequência eleitoral e perfil da população votante", *Dados*, 46(2), 2003, p.311-43.

Pereira, Raimundo, Álvaro Caropreso e José Carlos Ruy. *Eleições no Brasil pós-1964*. São Paulo, Global, 1984.

Pintor, Rafael Lopez e Maria Gratschew (orgs.). *Voter Turnout since 1945: A Global Report*. Stockholm, International Idea, 2002.

Pires, Juliano Machado. *A invenção da lista aberta: o processo de implantação da representação proporcional no Brasil*. Departamento de Ciência Política, Rio de Janeiro, Iuperj/Cefor, 2009.

Porto, Walter Costa. *Dicionário do voto*. Brasília, UnB, 2000.

______. *O voto no Brasil*. Rio de Janeiro, Topbooks, 2002.

Posada-Carbó, Eduardo. "Electoral juggling: a comparative history of corruption of suffrage in Latin America, 1830-1930", *Journal of Latin America Studies*, 32, 2000, p.611-44.

Ricci, Paolo. "A manipulação das regras e a fraude eleitoral na certificação dos resultados eleitorais: o caso da Primeira República brasileira (1894-1930)", mimeo, 2010, 1-38.

Roure, Agenor de. *A Constituinte republicana*. Brasília, Senado Federal/ UnB, 1979.

Santos, Wanderley Guilherme dos. *O cálculo do conflito: estabilidade e crise na política brasileira*. Belo Horizonte, UFMG, 2003.

Soares, Gláucio Ary Dillon. *Sociedade e política no Brasil*. São Paulo, Difel, 1973.

______ e Lúcio Rennó (orgs.). *Reforma política: lições da história recente*. Rio de Janeiro, FGV, 2006.

Souza, Francisco Belisário Soares de. *O sistema eleitoral no Brasil: como funciona, como tem funcionado e como deve ser reformado*, 1872. [Republicado com o título *Sistema eleitoral no Império*. Brasília, Senado Federal, 1979.]

Souza, Maria do Carmo Campello de. *Estado e partidos políticos no Brasil*. São Paulo, Alfa-Omega, 1976.

Tavares de Lira, Augusto. "Regime eleitoral", in *Dicionário histórico, geográfico e etnográfico do Brasil*. Rio de Janeiro, 1922.

Telarolli, Rodolpho. *Eleições e fraudes eleitorais na República Velha*. São Paulo, Brasiliense, 1982.

Velasco, Domingos. *Direito eleitoral*. Rio de Janeiro, Editora Guanabara, 1935.

Créditos das imagens

1. Câmara Municipal de Campos/Universidade Estadual do Norte Fluminense. Foto: Wellington Cordeiro.
2. Acervo do Museu da Casa de Benjamin Constant, Rio de Janeiro.
3. Extraído de Candido Mendes de Almeida (org.). *Atlas do Imperio do Brazil comprhendendo as respectivas divisões administrativas, ecclesiasticas, eleitoraes e judiciarias.* Rio de Janeiro, Lithographia do Instituto Philomathico, 1868.
4. Extraído de *Títulos eleitorais (1881-2008).* Tribunal Superior Eleitoral, série Apontamentos, n.2, Brasília, 2009, p.20.
5. Acervo do Museu do Tribunal Superior Eleitoral, Nelson Jr./ASICS/TSE.
6. Extraído do livro *A Justiça Eleitoral no Piauí*, publicado pelo Tribunal Regional do Piauí, Teresina, 1999.
7. Decreto n.22, 7 abr 1933.
8. Extraído de *Títulos Eleitorais (1881-2008)*, op.cit., p.40.
9. Documento cedido pelo autor.
10. Idem.
11. Extraído do livro *A Justiça Eleitoral no Piauí*, op.cit.
12. Extraído de *Diário Oficial*, seção I, parte I, p.8775, 22 ago 1962.
13. Extraído de: http://apps.tre-rn.gov.br/legado/centro_de_memoria/acervo/cedulas_cm.htm. Acesso em: 15 mai 2012.
14. Extraído do jornal *O Globo* de 14 nov 1986, p.3.
15. Extraído de: http://www.tse.gov.br/institucional/biblioteca/site_novo/. Acesso em: 15 mai 2012.

Agradecimentos

Este livro não teria ficado pronto sem o apoio de Celso Castro, diretor da coleção Nova Biblioteca de Ciências Sociais, que foi um leitor atento e um incentivador deste projeto, e de Kathia Ferreira, da Zahar, que não poupou esforços para aperfeiçoar a clareza dos originais. Ana Paula Pulcineli leu partes das primeiras versões e me ajudou muito com seus comentários. Fernando Limongi tem sido um parceiro intelectual nestes anos, com quem tenho dividido meu gosto pelos dados e pela história institucional do Brasil. A todos eles, o meu agradecimento especial.

ESTA OBRA FOI COMPOSTA POR LETRA E IMAGEM EM META PRO
E MINION PRO E IMPRESSA EM PROCESSO SOB DEMANDA PELA UM LIVRO
SOBRE PAPEL OFFWHITE PARA A EDITORA SCHWARCZ A PARTIR DE 2025